Codificação Para leigos

Codificar envolve vocabulário, lógica e sintaxe. A princípio, a codificação parece intimidadora, mas, com a prática, sua terminologia, conceitos e estrutura se tornam familiares. Entendê-la é como aprender qualquer idioma: use-a com frequência para se tornar capaz de falar, pensar e escrever código. Ainda assim, é natural que os iniciantes tenham dúvidas. Existem muitos recursos de codificação disponíveis para você, tanto online quanto offline. Busque à sua volta e verá que não está sozinho — muitas outras pessoas estão aprendendo. Afinal, codificar é um eterno aprendizado. Domine uma faceta ou outra, e novas surgirão bem na sua frente.

VOCABULÁRIO DE CODIFICAÇÃO

A codificação tem um vocabulário extenso, que, para os iniciantes, às vezes parece uma bolha técnica impenetrável. Se estiver lendo um artigo online relacionado à codificação ou conversando com um desenvolvedor no trabalho, pode ouvir palavras que nunca escutou antes ou que têm um significado diferente no contexto da codificação. Aqui estão algumas palavras básicas:

- **Termos gerais de desenvolvimento web:**

    Servidor: Um computador que hospeda o código do site e o "envia" quando solicitado por um computador "cliente". Os servidores geralmente ficam em grandes galpões com milhares de outros, e são similares em tamanho e potência ao computador da sua casa.

    Cliente: Um dispositivo usado para acessar um site, incluindo computadores desktop ou laptop, tablets ou smartphones.

    Designer: Um profissional de arte que decide qual aparência e impressão o site transmitirá, além da maneira como os usuários interagirão com o site — como, por exemplo, clicar, deslizar, rolar, e assim por diante.

    Wireframe: Uma ilustração criada pelos designers que mostra em detalhes os layouts, imagens e esquemas de cores do site.

    Desenvolvedor: Um profissional de engenharia que escreve código para transformar wireframes em sites utilizáveis. Com base no tipo de código escrito, podem ser desenvolvedores de front-end, back-end ou full stack (ambos).

    Front-end: Tudo o que você vê e clica em um navegador. Desenvolvedores de front-end escrevem código em linguagens de front-end, como HTML, CSS e JavaScript, para criar a aparência do site.

    Back-end: Tudo o que acontece nos bastidores para fazer com que o front-end seja executado como planejado. Desenvolvedores de back-end escrevem código em linguagens de back-end, como Ruby ou Python, para criar funcionalidades como login de usuários, armazenamento de suas preferências e recuperação de dados, como comentários em uma foto.

- **Termos relacionados a linguagens de front-end:**

    HTML (Hypertext Markup Language): Uma linguagem usada para posicionar textos, imagens e outros conteúdos em uma página.

    Tag HTML: Instruções HTML, que geralmente aparecem em pares. Os navegadores aplicam efeitos especiais ao texto entre as tags HTML de abertura <elemento> e fechamento </elemento>. Por exemplo, a tag <h1> é renderizada no navegador como um grande título em negrito, e pode ser usada assim: <h1>Dewey vence Truman</h1>.

    Atributo HTML: Atributos ou parâmetros modificam o comportamento de tags HTML. Os atributos são sempre posicionados na tag HTML de abertura. Por exemplo, href é o atributo da seguinte tag de âncora (usada para criar hyperlinks):

    <a href="http://www.google.com">Search engine</a>

    CSS (Cascading Style Sheets): Código que modifica o HTML nas páginas e controla a aparência do conteúdo alterando tamanho de textos e imagens e outros atributos.

    JavaScript: Código que adiciona interatividade e animação a páginas. O JavaScript também detecta eventos no navegador, como cliques do mouse, valida inserções de usuários, como as textuais, e recupera dados de sites externos.

    Variável: Um local de armazenamento que recebe um nome e contém dados numéricos ou texto (chamados de strings) para uso posterior.

    Sentença if (condicional): Uma instrução de código que testa uma condição, que comumente inclui variáveis, como x < 18, e executa o código escrito se a condição for verdadeira.

    Função: O nome dado a um grupo de sentenças de programação para facilitar sua referenciação e uso.

- **Termos relacionados a linguagens de back-end:**

    Ruby: Uma linguagem de programação de código aberto mais conhecida pelo uso na programação web.

    Rails: Um framework desenhado para facilitar a criação de páginas com Ruby.

    Python: Uma linguagem de programação de código aberto usada na web, em aplicativos científicos, e para análise de dados.

Codificação

Para leigos

Codificação

para leigos

por Nikhil Abraham

ALTA BOOKS
EDITORA
Rio de Janeiro, 2019

Codificação Para Leigos®
Copyright © 2019 da Starlin Alta Editora e Consultoria Eireli. ISBN: 978-85-508-0479-8

Translated from original Coding For Dummies®. Copyright © 2015 by John Wiley & Sons, Inc. ISBN 978-1-119-29332-3. This translation is published and sold by permission of John Wiley & Sons, Inc., the owner of all rights to publish and sell the same. PORTUGUESE language edition published by Starlin Alta Editora e Consultoria Eireli, Copyright © 2019 by Starlin Alta Editora e Consultoria Eireli.

Todos os direitos estão reservados e protegidos por Lei. Nenhuma parte deste livro, sem autorização prévia por escrito da editora, poderá ser reproduzida ou transmitida. A violação dos Direitos Autorais é crime estabelecido na Lei nº 9.610/98 e com punição de acordo com o artigo 184 do Código Penal.

A editora não se responsabiliza pelo conteúdo da obra, formulada exclusivamente pelo(s) autor(es).

Marcas Registradas: Todos os termos mencionados e reconhecidos como Marca Registrada e/ou Comercial são de responsabilidade de seus proprietários. A editora informa não estar associada a nenhum produto e/ou fornecedor apresentado no livro.

Impresso no Brasil — 2019 — Edição revisada conforme o Acordo Ortográfico da Língua Portuguesa de 2009.

Publique seu livro com a Alta Books. Para mais informações envie um e-mail para autoria@altabooks.com.br

Obra disponível para venda corporativa e/ou personalizada. Para mais informações, fale com projetos@altabooks.com.br

Produção Editorial Editora Alta Books	**Produtor Editorial** Thiê Alves	**Marketing Editorial** marketing@altabooks.com.br	**Vendas Atacado e Varejo** Daniele Fonseca Viviane Paiva comercial@altabooks.com.br	**Ouvidoria** ouvidoria@altabooks.com.br
Gerência Editorial Anderson Vieira		**Editor de Aquisição** José Rugeri j.rugeri@altabooks.com.br		
Equipe Editorial	Adriano Barros Bianca Teodoro Ian Verçosa	Illysabelle Trajano Juliana de Oliveira Kelry Oliveira	Paulo Gomes Rodrigo Bitencourt Thales Silva	Thauan Gomes
Tradução Carolina Gaio	**Copidesque** Wendy Campos	**Revisão Gramatical** Thamiris Leiroza Samantha Batista	**Revisão Técnica** Ronaldo Roenick Especialista em Data Mining e ferramentas aplicadas em IA	**Diagramação** Joyce Matos

Erratas e arquivos de apoio: No site da editora relatamos, com a devida correção, qualquer erro encontrado em nossos livros, bem como disponibilizamos arquivos de apoio se aplicáveis à obra em questão.

Acesse o site www.altabooks.com.br e procure pelo título do livro desejado para ter acesso às erratas, aos arquivos de apoio e/ou a outros conteúdos aplicáveis à obra.

Suporte Técnico: A obra é comercializada na forma em que está, sem direito a suporte técnico ou orientação pessoal/exclusiva ao leitor.

A editora não se responsabiliza pela manutenção, atualização e idioma dos sites referidos pelos autores nesta obra.

Dados Internacionais de Catalogação na Publicação (CIP) de acordo com ISBD

A159c	Abraham, Nikhil
	Codificação Para Leigos / Nikhil Abraham ; traduzido por Carolina Gaio. - Rio de Janeiro : Alta Books, 2019. 272 p. : il. ; 17cm x 24cm. – (Para leigos)
	Tradução de: Coding for Dummies Inclui índice. ISBN: 978-85-508-0479-8
	1. Codificação. I. Gaio, Carolina. II. Título. III. Série.
2019-346	CDD 005.133 CDU 004.83

Elaborado por Vagner Rodolfo da Silva - CRB-8/9410

Rua Viúva Cláudio, 291 — Bairro Industrial do Jacaré
CEP: 20.970-031 — Rio de Janeiro (RJ)
Tels.: (21) 3278-8069 / 3278-8419
www.altabooks.com.br — altabooks@altabooks.com.br
www.facebook.com/altabooks — www.instagram.com/altabooks

Sobre o Autor

Nikhil Abraham trabalhou na Codecademy.com pelos últimos dois anos. Na Codecademy, auxiliou empresas de tecnologia, finanças, mídias e publicidade a ensinar seus funcionários a codificar. Com sua ajuda, milhares de profissionais de marketing, vendas e recrutamento escreveram suas primeiras linhas de código e criaram aplicativos funcionais. Além de ensinar, gerencia parcerias e desenvolvimento corporativo para a Codecademy, e contribui para levar a codificação a instituições de ensino nos Estados Unidos, Brasil, Argentina, França e Reino Unido.

Antes da Codecademy, Nikhil atuou em diversas áreas, incluindo consultoria gerencial, banco de investimentos e jurídica, e fundou uma startup educacional de tecnologia fundamentada em Y-Combinator. É graduado em economia quantitativa pela Tufts University, e fez mestrado e doutorado profissional na Universidade de Chicago.

Nikhil vive em Manhattan, Nova York.

Dedicatória

Este livro é dedicado à Molly Grovak.

Agradecimentos do Autor

Este livro se tornou possível graças à ajuda de muitas pessoas.

Agradeço à toda equipe da Wiley, incluindo Steven Hayes, por ter a mente aberta para todas as ideias que cabem em um telefonema, e Christopher Morris, pela edição e pelos conselhos produtivos. Agradeço, ainda, a todos os profissionais editoriais, de design e gráficos por transformarem este texto de qualidade questionável em algo excepcional.

Agradeço àqueles de vocês que ajudaram a dar forma a este conteúdo em livro e online. A todos da Codecademy, incluindo Zach e Ryan, obrigado pelo feedback sobre os capítulos e por responder às minhas dúvidas. Agradeço a Douglas Rushkoff, por ter iniciado um diálogo nacional sobre se nós, enquanto sociedade, deveríamos programar ou ser programados, e por levar essa mensagem a escolas, universidades e organizações sem fins lucrativos. Agradeço a Susan Kish, por ser a única executiva que conheço que falou publicamente sobre sua jornada de aprendizagem na codificação (confira sua TED Talk!), e por ver o futuro da codificação nas empresas. Agradeço a Alia Shafir e Joshua Slusarz, por todas as sessões de código que ajudaram a organizar, líderes com quem discutiram, quartos que reservaram e laptops que reiniciaram. Agradeço a Melissa Frescholtz e sua equipe, por apoiar a cultura da codificação e levar o ensino de codificação até mesmo a lugares em que é usada diariamente. Agradeço aos alunos da Cornell University, Northwestern University, Universidade de Virginia e Yale, por testarem versões iniciais do conteúdo e me ajudarem a melhorá-lo. Agradeço à equipe do Donorschoose.org, incluindo Charles Best e Ali Austerlitz, e ao Google.org, por ajudar mulheres e meninas a desbravarem o mundo da codificação. Agradeço ao Code.org, por tornar a codificação acessível e interessante para milhões de crianças nos Estados Unidos e no exterior.

Por fim, agradeço à Molly, que pediu mais comida, preparou mais chá e limpou o apartamento mais vezes do que consigo contar.

Sumário Resumido

Introdução 1

Parte 1: Começando 5
CAPÍTULO 1: O que É Codificação? 7
CAPÍTULO 2: Programação para a Web 19
CAPÍTULO 3: Tornando-se Programador 33

Parte 2: Construindo Páginas
Silenciosas e Interativas 43
CAPÍTULO 4: Explorando o HTML Básico 45
CAPÍTULO 5: Conheça Melhor o HTML 63
CAPÍTULO 6: Formatando com CSS 79
CAPÍTULO 7: Próximos Passos com CSS 101
CAPÍTULO 8: Trabalhando Mais Rápido com o Twitter Bootstrap 123
CAPÍTULO 9: Incluindo JavaScript 139

Parte 3: Criando um Aplicativo Web 163
CAPÍTULO 10: Construindo Seu App 165
CAPÍTULO 11: Pesquisando Seu Primeiro Aplicativo Web 177
CAPÍTULO 12: Codificando e Depurando Seu Primeiro App Web 193

Parte 4: Ampliando Suas Habilidades 203
CAPÍTULO 13: Familiarizando-se com Ruby 205
CAPÍTULO 14: Mergulhando no Python 219

Parte 5: A Parte dos Dez 233
CAPÍTULO 15: Dez Recursos Gratuitos para Codificadores 235
CAPÍTULO 16: Dez Dicas para os Novatos 243

Índice 251

Sumário

INTRODUÇÃO 1
    Sobre Este Livro 2
    Penso que..... 2
    Ícones Usados Neste Livro 3
    Além Deste Livro 3
    De Lá para Cá, Daqui para Lá 4

PARTE 1: COMEÇANDO 5

CAPÍTULO 1: O que É Codificação? 7
    Definindo o que São Códigos 8
        Seguindo instruções 8
        Codificando com Angry Birds 9
    Descubra o que a Codificação Pode Fazer por Você 10
        Devorando o mundo com softwares 10
        Codificação no trabalho 12
        Faça por conta própria (e fique rico e famoso) 13
    Examinando os Tipos de Linguagem de Programação 13
        Comparando linguagens de programação de baixo e alto níveis 15
        Código compilado contrastante e código interpretado 16
        Programando para a web 16
    Percorrendo um Aplicativo da Web Construído com Código 16
        Definindo o propósito e o escopo do aplicativo 17
        Apoiando-se nos ombros de gigantes 17

CAPÍTULO 2: Programação para a Web 19
    Exibindo Páginas da Web em Seu Desktop ou Dispositivo Móvel 20
        Pirateando seu site de notícias favorito 20
        Entendendo como a World Wide Web funciona 23
        Observando seu front-end e back-end 24
        Definindo aplicativos web e móveis 25
    Codificação de Aplicativos Web 26
        Começando com HTML, CSS e JavaScript 27
        Adicionando lógica com Python, Ruby ou PHP 27
    Codificação de Aplicativos Móveis 28
        Construindo aplicativos móveis 29
        Construindo aplicativos nativos móveis 30

CAPÍTULO 3: Tornando-se Programador 33
    Escrevendo Códigos com um Método 34
        Pesquisar o que deseja construir 36

Projetar seu app 36
Codificando seu app. 38
Depurando seu código. 38
Escolhendo Ferramentas para Trabalhar 39
Trabalhando offline. 39
Trabalhando online com a Codecademy.com 40

PARTE 2: CONSTRUINDO PÁGINAS SILENCIOSAS E INTERATIVAS 43

CAPÍTULO 4: Explorando o HTML Básico 45
O que o HTML Faz? 46
Entendendo a Estrutura do HTML 46
Identificando elementos 47
Apresentando seu melhor atributo. 48
Mantendo cabeçalho, título e corpo de texto acima de tudo. 50
Familiarizando-se com Tarefas e Tags HTML Comuns 51
Escrevendo títulos. 53
Organizando textos em parágrafos. 54
Vinculando seu conteúdo (a seu gosto) 54
Adicionando imagens 56
Formate-me Bem. 57
Destacando com negritos, itálicos, sublinhados e riscados . . 57
Aumentando e diminuindo textos com sobrescrito
e subscrito. 58
Construindo Seu Primeiro Site com HTML 59

CAPÍTULO 5: Conheça Melhor o HTML 63
Organizando o Conteúdo na Página 64
Listando Dados. 65
Crie listas ordenadas e não ordenadas 66
Aninhando listas 67
Colocando Dados em Tabelas. 68
Estruturação básica de tabela 68
Expandindo colunas e linhas da tabela. 70
Alinhando tabelas e células. 71
Preenchendo Formulários 74
Entenda como formulários funcionam 74
Criando formulários básicos 76
Praticando Mais o HTML. 77

CAPÍTULO 6: Formatando com CSS 79
O que o CSS Faz? 80
Estrutura CSS 81
Escolhendo o elemento a formatar 81
Minha propriedade tem valor. 83
Pirateando seu site favorito com CSS 84
Tarefas e Seletores Comuns do CSS 86

Ginástica da fonte: Tamanho, cor, estilo, família e decoração 86
Personalizando links.................................... 90
Adicionando imagens de segundo plano e formatando as
   do primeiro 92
Formate-me Bem... 96
Adicione CSS a seu HTML 97
Construa sua primeira página 99

CAPÍTULO 7: **Próximos Passos com CSS**........................ 101
Formatando (Mais) Elementos em Sua Página............... 102
Formatando listas................................... 102
Desenhando tabelas.................................. 106
Selecionando Elementos para Aplicar Estilo.............. 108
Aplicando estilo a elementos específicos............ 108
Nomeando elementos HTML 112
Alinhando e Organizando Seus Elementos.................. 114
Organizando dados na página 114
Modelando a div..................................... 116
Entendendo o modelo de caixas 117
Posicionando as caixas 119
Escrevendo CSS Mais Avançado 122

CAPÍTULO 8: **Trabalhando Mais Rápido com o Twitter Bootstrap**.......... 123
Descobrindo o que o Bootstrap Faz....................... 124
Instalando o Bootstrap 125
Entendendo as Opções de Layout 126
Alinhando no sistema de grade 127
Arrastando e soltando para um site 129
Usando templates predefinidos....................... 130
Adaptando layout para dispositivos móveis, tablets
   e desktops.. 131
Codificando Elementos Básicos de uma Página............. 133
Desenhando botões................................... 134
Navegando com barras de ferramentas................. 135
Adicionando ícones.................................. 137
Construindo a Página Inicial do Airbnb 138

CAPÍTULO 9: **Incluindo JavaScript** 139
O que o JavaScript Faz?................................. 140
Entendendo a Estrutura do JavaScript.................... 142
Usando Ponto e vírgula, Aspas, Parênteses e Chaves...... 142
Codificando Tarefas JavaScript Comuns 143
Armazenando dados com variáveis..................... 143
Tomando decisões com sentenças if-else 144
Trabalhando com métodos de string e números......... 148
Alertando e solicitando inserções de usuários 150
Nomeando código com funções 151
Adicionando JavaScript às páginas................... 152

Sumário   XV

Escrevendo Seu Primeiro Programa de JavaScript............ 153
Trabalhando com APIs 154
    O que as APIs fazem?................................... 154
    Raspagem de dados sem API 157
    Buscando e escolhendo uma API...................... 158
Usando as Bibliotecas JavaScript............................ 158
    jQuery 159
    D3.js.. 159
Procurando Vídeos com a API do YouTube................. 160

PARTE 3: CRIANDO UM APLICATIVO WEB 163

CAPÍTULO 10: Construindo Seu App............................... 165
Criando um Aplicativo de Ofertas Baseadas na Localização 166
    Entendendo a situação 166
    Traçando os próximos passos 167
Seguindo o Processo de Desenvolvimento de um App 167
Planejando Seu Primeiro Aplicativo 168
Explorando o Processo Geral 169
Conheça as Pessoas que Dão Vida aos App Web 171
    Criando com designers 171
    Codificando com desenvolvedores de front-end e back-end 173
    Gestão com gerentes de produto 174
    Teste com garantia de qualidade..................... 175

CAPÍTULO 11: Pesquisando Seu Primeiro Aplicativo Web ... 177
Dividindo o App em Etapas 178
    Encontrando a funcionalidade de seu app 178
    Encontrando a funcionalidade de seu app: Minha versão .. 179
    Encontrando o formato de seu app 180
    Encontrando o formato de seu app: O design do app
      de ofertas do McDuck's............................. 184
Identificando Fontes de Pesquisa............................. 186
Pesquisando as Etapas para o App de Ofertas do McDuck's. ... 188
Escolha uma Solução para Cada Etapa 190

CAPÍTULO 12: Codificando e Depurando Seu Primeiro App Web.. 193
A Preparação 193
Codificando Seu Primeiro App Web.......................... 194
    Ambiente de desenvolvimento....................... 194
    Código pré-escrito 195
    Etapas de codificação para você seguir 198
Depurando Seu App 201

PARTE 4: AMPLIANDO SUAS HABILIDADES 203

CAPÍTULO 13: Familiarizando-se com Ruby 205
    O que o Ruby Faz? 206
    Definindo a Estrutura do Ruby 207
        Entendendo os princípios do Ruby 207
        Estilo e espaçamento 208
    Codificando Tarefas e Comandos Ruby Básicos 209
        Definindo tipos de dados e variáveis. 210
        Computação matemática simple e avançada 210
        Usando strings e caracteres especiais 211
        Decidindo com condicionais: if, elsif, else. 212
        Inserções e saídas. 214
    Formatando Suas Strings 215
        Métodos de string: upcase, downcase e strip 215
        Inserindo variáveis em strings com # 216
    Construindo um Processador Simples de Texto com Ruby..... 217

CAPÍTULO 14: Mergulhando no Python 219
    O que o Python Faz? 220
    Definindo a Estrutura do Python. 221
        Entendendo o Zen do Python. 221
        Formatação e espaçamento 222
    Codificando Tarefas e Comandos de Python Comuns 223
        Definindo tipos de dados e variáveis. 224
        Computação matemática simple e avançada 225
        Usando strings e caracteres especiais 226
        Decidindo com condicionais: if, elif, else. 227
        Inserções e saídas. 228
    Formatando Suas Strings 229
        Notação de ponto com upper(), lower(), capitalize() e strip(). 230
        Formatando strings com % 230
    Construindo uma Calculadora Simples com Python 231

PARTE 5: A PARTE DOS DEZ 233

CAPÍTULO 15: Dez Recursos Gratuitos para Codificadores .. 235
    Sites que Ensinam a Codificar 236
        Codecademy 236
        Coursera e Udacity 236
        Hackdesign.org 237
        Code.org 238
    Sites de Referência para Codificação 238
        W3Schools 238
        Mozilla Developer Network 239
        Stack Overflow 240
    Sites de Notícias de Tecnologia e Comunidades 240
        TechCrunch 240

    Hacker News 241
    Meetup 242

CAPÍTULO 16: Dez Dicas para os Novatos 243
    Escolha uma Linguagem, Qualquer uma 243
    Defina um Objetivo 244
    Divida Seu Objetivo em Pequenos Pedaços 245
    Diferencie o Bolo da Cereja 246
    O Google É Seu Melhor Amigo 246
    Corrija Aqueles Bugs 247
    Envie 248
    Colete Feedback 249
    Itere Seu Código 249
    Compartilhe Seus Sucessos e Falhas 250

ÍNDICE 251

Introdução

Acapacidade de ler, escrever e entender códigos nunca foi tão importante, útil ou lucrativa quanto atualmente. Os códigos computacionais mudaram nossas vidas. Algumas pessoas não conseguem sequer passar o dia sem interagir com algo construído por códigos. Mesmo assim, para muitos, o universo da codificação parece complexo e inacessível. Talvez você tenha participado de uma reunião corporativa relacionada à tecnologia e não entendeu a conversa completamente. Talvez tenha tentado construir um site para seus familiares e amigos, mas teve problemas para exibir imagens ou alinhar os textos. Talvez tenha ficado intimidado com as palavras irreconhecíveis nas capas de livros sobre codificação: HTML, CSS, JavaScript, Python ou Ruby.

Se já esteve em alguma dessas situações antes, então *Codificação Para Leigos* foi feito para você. Ele explica os conceitos básicos para que você possa participar de conversas técnicas e fazer as perguntas certas. Não se preocupe — neste livro, suponho que você esteja começando com pouco ou nenhum conhecimento prévio de codificação, e não tentei abordar todos os seus conceitos possíveis nestas páginas. Além disso, eu o encorajo a aprender fazendo e criando os próprios programas. Em vez de um site, imagine que deseja construir uma casa. Você poderia passar quatro anos estudando para se tornar arquiteto, ou começar desde já a aprender um pouco sobre fundações e plantas. Este livro é o pontapé para que sua jornada na codificação se inicie hoje.

A importância da codificação é cada vez maior. Como escreveu o famoso autor e tecnólogo, Douglas Rushkoff: "Programe ou seja programado." Quando os seres humanos inventaram as linguagens e posteriormente o alfabeto, as pessoas aprenderam a ouvir e a falar, e depois a ler e a escrever. Em nosso mundo cada vez mais digital, é importante aprender não apenas a usar programas, mas a fazê-lo da melhor forma possível. Por exemplo, observe esta transição na música. Por mais de um século, selos musicais decidiam quais músicas o público poderia ouvir e consumir. Em 2005, três codificadores criaram o YouTube, que permitia que todos pudessem mostram seus talentos. Hoje, mais músicas foram postadas no YouTube do que todas as gravadoras juntas lançaram no último século.

Para acompanhar este livro, há exemplos em: `www.codecademy.com`, cujos exercícios são uma das maneiras mais fáceis de aprender a codificar sem precisar instalar ou baixar nada. O site complementar da Codecademy inclui exemplos e exercícios deste livro, além de projetos para um treino extra [conteúdo em inglês].

Sobre Este Livro

Este livro foi feito para leitores com pouca ou nenhuma experiência em codificação, e oferece um panorama de programação para não programadores. Em bom português, você aprende como o código é usado para criar programas, quem os faz e os processos que usam. Os tópicos abordados incluem:

» Explicações sobre codificação e respostas às questões comuns relacionadas.

» Construção de sites simples com as três linguagens mais básicas: HTML, CSS e JavaScript.

» Visão superficial de outras linguagens, como Ruby e Python.

» Construção de um aplicativo com tudo o que aprender neste livro.

Ao ler este livro, tenha em mente:

» Este livro pode ser lido do começo ao fim, mas fique à vontade para saltar capítulos, se preferir. Se algum tópico lhe interessar, comece por ele. Você sempre pode voltar ao capítulo anterior, se necessário.

» Em algum momento, você pode empacar e o código que escrever não funcionar como pretendido. Não se intimide! Há muitos recursos para ajudá-lo, incluindo fóruns de suporte, outras pessoas na internet e eu! Você pode me enviar uma mensagem pelo Twitter, para `@nikhilgabraham` com a hashtag `#codingFD`.

» Os códigos deste livro aparecem em uma fonte monoespaçada, como esta: `<h1>Hi there!</h1>`.

Penso que...

Não faço muitas suposições sobre você, leitor, mas algumas são inevitáveis.

Suponho que você não tenha experiência anterior com programação. Para acompanhar, você só precisa ler, digitar e seguir orientações. Tento explicar a maioria dos conceitos com exemplos e analogias que você já conhece.

Suponho que você tenha um computador rodando a versão mais recente do Google Chrome. Os exemplos neste livro foram testados e otimizados para o Chrome, disponível gratuitamente no Google. Apesar disso, os exemplos também funcionam na última versão do Firefox. No entanto, não é recomendado usar o Internet Explorer para fins deste livro.

Presumo que você tenha acesso à internet. Alguns dos exemplos deste livro podem ser aplicados offline, mas a maioria exige uma conexão para que você acesse e faça exercícios em www.codecademy.com [conteúdo em inglês].

Ícones Usados Neste Livro

Aqui estão os ícones usados neste livro para sinalizar textos para os quais você deve dar uma atenção extra ou os que pode ignorar.

DICA

Este ícone indica informações práticas ou atalhos para ajudá-lo a entender um conceito.

PAPO DE ESPECIALISTA

Este ícone explica detalhes técnicos sobre o conceito exposto. Esses detalhes podem ser informativos ou interessantes, mas não são cruciais para sua compreensão do conceito nessa fase.

LEMBRE-SE

Tente não se esquecer dos trechos marcados com este ícone. Ele indica um conceito ou processo importante que você precisa guardar.

CUIDADO

Cuidado! Este ícone sinaliza erros comuns e problemas que podem ser evitados se você prestar atenção ao aviso.

Além Deste Livro

Muito conteúdo extra, que você não encontrará neste livro, está disponível em www.dummies.com/go/codingfd e www.altabooks.com.br procure pelo título/ISBN do livro. Conecte-se para encontrar o seguinte:

>> **O código-fonte para os exemplos deste livro e um link para os exercícios da Codecademy:** Você os encontra em: www.dummies.com/go/codingfd

(O código-fonte também está disponível em www.altabooks.com.br).

O código-fonte está organizado por capítulos. A melhor maneira de trabalhar com um capítulo é baixar todo o código-fonte correspondente a ele de uma vez.

>> **Folha de Cola:** Você encontra uma lista de comandos básicos de HTML, CSS e JavaScript, entre outras informações úteis.

Para ver a Folha de Cola deste livro, basta acessar: www.altabooks.com.br e procurar pelo título do livro.

De Lá para Cá, Daqui para Lá

Tudo certo, agora que tiramos toda a burocracia do caminho, é hora de começar. Tenho certeza de que dará conta do recado. Parabéns por dar seu primeiro passo no mundo da codificação!

1
Começando

NESTA PARTE...

Compreenda códigos e o que se pode construir com eles.

Revise linguagens de programação usadas para escrevê-los.

Codifique para web com linguagens de front-end e back-end.

Siga o processo usado pelos programadores para criá-los.

Escreva seu primeiro programa com códigos.

NESTE CAPÍTULO

» Descobrindo o que códigos são e o que podem fazer

» Passeando por seu primeiro programa com códigos

» Entendendo as linguagens de programação usadas para escrever códigos

Capítulo **1**

O que É Codificação?

Um milhão de dólares não é legal, sabe o que é legal? Um bilhão.

— SEAN PARKER, A REDE SOCIAL

Todas as semanas, os jornais informam sobre outra empresa de tecnologia que levantou capital ou foi vendida por milhões de dólares. Às vezes, no caso de empresas como Instagram, WhatsApp e Uber, o valor na chamada é de bilhões. Talvez, esses artigos agucem sua curiosidade e façam com que queira descobrir como os códigos são usados para construir aplicativos que promovem esses resultados financeiros. Alternativamente, seus interesses podem ser mais profissionais. Talvez trabalhe em um setor em declínio, como a mídia impressa, ou em uma função que a tecnologia se transforma rapidamente, como o marketing. Independente de pensar em mudar de carreira ou aprimorar a atual, entender programação ou "codificação" computacional alavanca seu desenvolvimento profissional. Por fim, seu interesse pode ser mais pessoal — talvez você tenha uma ideia, um grande desejo de criar algo, um site ou um aplicativo, para resolver um problema que vivenciou e sabe que ler e escrever códigos é o primeiro passo para chegar à solução. Qualquer que seja sua motivação, este livro dará uma luz sobre codificação e programadores, e o ajudará a pensar em ambos não como misteriosos e intricados, mas acessíveis e algo que você mesmo pode fazer.

Neste capítulo, você entenderá o que são códigos, quais setores são afetados por softwares computacionais, os tipos de linguagem de programação em que são escritos e fará um percurso por um aplicativo da web construído com códigos.

Definindo o que São Códigos

Códigos computacionais não são uma atividade enigmática reservada a gênios e oráculos. Na verdade, em poucos minutos você mesmo escreverá um! A maioria dos códigos computacionais executa uma variedade de tarefas em nossas vidas, do mundano ao extraordinário. Códigos são responsáveis por nossos semáforos, elevadores em nossos edifícios, torres que transmitem sinal para nossos celulares e naves aeroespaciais. Também interagimos com códigos em um nível mais pessoal, em nossos smartphones e computadores, e eventualmente para conferir o e-mail ou o clima.

Seguindo instruções

Códigos computacionais são um conjunto de instruções, frases geralmente em inglês, e cada uma direciona o computador para executar uma etapa ou instrução. Cada uma dessas etapas é muito precisa e seguida à risca. Por exemplo, se estiver em um restaurante e pedir a um garçom que lhe indique o banheiro, ele poderia dizer: "Siga até os fundos, é a porta do meio." Para um computador, essas instruções são tão vagas que são inúteis. Em vez disso, se o garçom lhe orientasse como a um programa de computador, diria: "A partir desta mesa, caminhe 40 passos para o nordeste. Em seguida, vire 90º à direita, dê cinco passos, vire 90º à esquerda e dê mais cinco passos. Abra a porta imediatamente à frente e entre no banheiro." A Figura 1-1 mostra linhas de código do famoso jogo Pong. Não se preocupe em entender o que cada linha significa nem se sinta intimidado. Em breve, estará lendo e escrevendo seu próprio código.

```
1   launchPong(function () {
2       function colour_random() {
3           var num = Math.floor(Math.random() * Math.pow(2, 24));
4           return '#' + ('00000' + num.toString(16)).substr(-6);
5       }
6
7
8       pongSettings.ball.size = 15;
9       pongSettings.ball.color = colour_random();
10      pongSettings.ball.velocity[0] = 15;
11      pongSettings.ball.velocity[1] = 15;
12
13  });
14
15
```

FIGURA 1-1: Código do jogo Pong.

Uma maneira difícil de mensurar a complexidade de um programa é contar suas sentenças ou linhas de código. Aplicativos básicos, como o Pong, têm 5 mil linhas de código, enquanto aplicativos mais complexos, como o Facebook, atualmente possuem mais de 10 milhões. Independente de haver poucas ou muitas linhas de código, o computador segue precisamente cada instrução sem esforço, não fica cansado como o garçom após lhe perguntarem pela centésima vez onde fica o banheiro.

DICA

Tenha cuidado ao usar somente as linhas de código para mensurar a complexidade de um programa. Como escrever um texto, 100 boas linhas de código agem com a mesma funcionalidade que 1.000 mal escritas.

Codificando com Angry Birds

Se nunca escreveu códigos, agora é sua chance de tentar! Vá a: http://csedweek.org/learn e, abaixo de "Tutorials for Beginners", clique em "Write Your First Computer Program", o link com o ícone do Angry Birds, como mostrado na Figura 1-2 [conteúdo em inglês]. Esse tutorial se destina àqueles sem experiência em programação e apresenta os blocos de construção básicos usados por todos os programas de computador. O objetivo principal desse tutorial é entender que os programas usam códigos para dizer literal e exatamente ao computador para executar um conjunto de instruções.

FIGURA 1-2: Escreva seu primeiro programa de computador com um tutorial de jogo similar ao Angry Birds.

O Computer Science Education Week é um programa anual dedicado a destacar a imagem da ciência da computação, que dura uma semana em dezembro. No passado, Obama, Bill Gates, o atleta do basquete Chris Bosh e a cantora Shakira, entre outros, apoiaram e encorajaram pessoas de todo o mundo a participar.

CAPÍTULO 1 **O que É Codificação?** 9

Descubra o que a Codificação Pode Fazer por Você

A codificação é usada para executar tarefas e resolver problemas que você vivencia todos os dias. As situações "cotidianas" às quais programas e aplicativos assistem continuam a crescer exponencialmente, mas nem sempre foi assim. O aumento de aplicativos da web, conectividade com a internet e telefones celulares inseriu programas de software no dia a dia e reduziu a barreira para que você se torne um criador, resolvendo com códigos problemas pessoais e profissionais.

Devorando o mundo com softwares

Em 2011, Marc Andreessen, criador do Netscape Navigator e, agora, capitalista de risco, observou que: "Softwares estão devorando o mundo." Ele previu que as empresas de software perturbariam as outras em um ritmo acelerado. De modo geral, softwares escritos para desktops e laptops. O software precisava primeiro ser instalado, então você fornecia os dados para o programa. Três tendências aumentaram drasticamente o uso dos códigos no cotidiano:

» **Softwares baseados na web:** Funcionam no navegador sem necessidade de instalação. Por exemplo, se quisesse verificar seu e-mail, primeiro teria que instalar um cliente de e-mail, baixando o software ou por meio de um CD-ROM. Às vezes, surgiam problemas quando o software não estava disponível para seu sistema operacional ou quando havia conflitos com a versão do sistema. O Hotmail, um cliente de e-mail baseado na web, em parte se popularizou porque permitia que os usuários visitassem `www.hotmail.com` para conferir instantaneamente o e-mail sem se preocuparem com instalação de softwares ou compatibilidade. Aplicativos da web aumentaram o apetite do consumidor para experimentar mais aplicativos, e os desenvolvedores, por sua vez, foram incentivados a escrever mais deles.

» **Banda larga:** A conectividade de banda larga se expandiu, proporcionando uma conexão rápida à internet para mais pessoas nos últimos anos mais do que na última década. Hoje, mais de dois bilhões de pessoas podem acessar softwares baseados na web, contra aproximadamente 50 milhões apenas uma década atrás.

» **Telefones celulares:** Os smartphones atuais carregam programas com você aonde quer que vá, e ajudam a fornecer dados a esses programas. Muitos programas de software se tornam mais práticos quando acessados em movimento do que limitados a um desktop. Por exemplo, o uso de aplicativos de mapas aumentou bastante graças aos telefones celulares porque os usuários precisam de orientações principalmente quando estão perdidos, não apenas ao planejar uma viagem em casa, no computadores. Além disso, telefones celulares são equipados com sensores que medem e fornecem dados para programas de orientação, aceleração e localização atual via GPS. Agora, em vez de você mesmo ter que inserir todos os dados nos programas, os dispositivos móveis o ajudam. Por exemplo, o aplicativo de atividades físicas RunKeeper não requer que você insira horários de início e término para acompanhar a execução. Basta pressionar o botão de começar no início e o telefone rastreará automaticamente sua distância, velocidade e tempo.

A combinação dessas tendências criou empresas de software que levaram os operadores históricos a praticamente todos os setores, em particular aos tipicamente imunes à tecnologia. Alguns exemplos notórios incluem:

» **Airbnb:** O Airbnb é uma empresa de hospedagem peer-to-peer que não possui nenhum quarto, mas reserva mais noites que a Hilton e a Intercontinental, maiores cadeias hoteleiras do mundo. (Veja a Figura 1-3.)

» **Uber:** A Uber é uma empresa de transporte que não possui veículos, faz mais corridas e tem mais motoristas nas principais 200 cidades do que qualquer outro serviço de táxi ou automóveis.

» **Groupon:** O Groupon, uma empresa de e-commerce, gerou quase $1 bilhão depois de apenas dois anos de existência, crescendo mais rápido do que qualquer outra empresa na história e mais ainda do que qualquer outra tradicional de marketing direto.

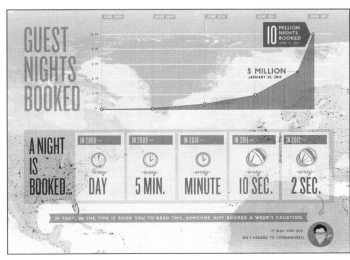

FIGURA 1-3: O Airbnb reservou 5 milhões de noites após 3,5 anos de existência, e os outros 5 milhões, 6 meses depois.

Codificação no trabalho

A codificação também é útil no local de trabalho. Fora do setor tecnológico, é comum no ambiente de trabalho de algumas profissões, como negociantes financeiros, economistas e cientistas. Entretanto, para a maioria dos profissionais fora do setor tecnológico, a codificação está começando a chegar e, gradualmente, a ganhar relevância. Aqui estão as áreas em que ela desempenha um papel maior:

» **Publicidade:** Padrões de consumo passam de campanhas impressas e televisivas para digitais, e publicidade em mecanismos de pesquisa e otimização dependem de palavras-chave para levar visitantes aos sites. Anunciantes que entendem de codificação veem palavras-chave usadas com sucesso pelos concorrentes e utilizam os dados para criar campanhas mais eficazes.

» **Marketing:** Ao promover produtos, personalizar a comunicação é uma estratégia que costuma incrementar os resultados. Marqueteiros que codificam consultam bancos de dados de clientes e adaptam as comunicações para incluir seus nomes e produtos adaptados aos seus interesses.

» **Vendas:** O processo de vendas sempre começa com chamadas. Vendedores que codificam recuperam as próprias chamadas de páginas da web e diretórios e depois as classificam e qualificam.

DICA

A recuperação de informações copiando textos de páginas da web ou de diretórios se chama *raspagem de dados*.

» **Design:** Depois de criar uma página ou um design digital, designers persuadem outros e, finalmente, desenvolvedores a realmente programar seus desenhos em um produto. Designers que codificam podem dar vida a seus projetos mais facilmente, e defender projetos específicos com mais eficácia criando protótipos de trabalho com que os outros possam interagir.

» **Relações-públicas:** As empresas mensuram constantemente como os clientes e o público reagem a anúncios e notícias. Por exemplo, se o porta-voz de um figurão de uma empresa faz ou diz algo ofensivo, a empresa deveria demiti-lo? Relações-públicas que codificam investigam redes sociais como Twitter ou Facebook e analisam milhares de mensagens para entender o sentimento do mercado.

» **Operações:** O lucro adicional pode ser gerado, em parte, pela análise de custos de uma empresa. Profissionais de operações que codificam escrevem programas para testar milhões de combinações que otimizem métodos de embalagem, rotinas de carregamento e rotas de entrega.

Faça por conta própria (e fique rico e famoso)

Usar códigos construídos pelos outros e a codificação no local de trabalho pode levá-lo a pensar que os problemas que deve encarar pessoalmente seriam melhor resolvidos com um código próprio. Você pode ter uma ideia para um site de mídia social, um aplicativo melhorado de atividades físicas ou algo completamente novo. O caminho da ideia ao protótipo funcional, usado pelos outros, envolve uma boa quantidade de tempo e trabalho, mas pode ser mais viável do que você pensa. Por exemplo, veja o Coffitivity, um site de produtividade que transmite som ambiente de cafeterias para criar ruído branco. O site foi criado por duas pessoas que tinham aprendido a programar alguns meses antes. Pouco depois do lançamento do Coffitivity, a Time Magazine o nomeou como um dos 50 Best Websites de 2013, e o *Wall Street Journal* também o avaliou. Embora nem toda startup ou aplicativo receba essa cobertura da mídia inicialmente, é útil saber que ela acontece quando uma solução realmente resolve um problema.

Ter um objetivo, como um site ou aplicativo que deseja construir, é uma das melhores maneiras de aprender a codificar. Quando se enfrenta um bug difícil ou um conceito complexo, a ideia de dar vida a seu site o motivará a continuar. Tão importante quanto isso, não aprenda a codificar para ficar rico e famoso, já que a possibilidade de seu site ou aplicativo ser bem-sucedido se deve amplamente a fatores fora do seu controle.

DICA

As características que tornam um site ou aplicativo viciantes são descritas usando o Hook Model aqui `http://techcrunch.com/2012/03/04/how-to-manufacture-desire`. Os produtos geralmente são feitos por empresas e as características de uma empresa duradoura estão aqui `http://www.sequoiacap.com/grove/posts/yal6/elements-of-enduring-companies`, baseadas em uma avaliação das que são financiadas pela Sequoia, uma das empresas de capital aberto mais bem-sucedidas do mundo e investidoras iniciais da Apple, do Google e do PayPal.

Examinando os Tipos de Linguagem de Programação

A codificação tem diferentes sabores, chamados de *linguagens de programação*. Algumas populares são mostradas na Figura 1-4.

FIGURA 1-4: Algumas linguagens de programação populares.

Você pode pensar em linguagens de programação como na língua falada, pois ambas compartilham características em comum, tais como:

» **Funcionalidade em todos os idiomas:** Linguagens de programação criam as mesmas funcionalidades, similar à forma como os idiomas expressam os mesmos objetos, frases e emoções.

» **Sintaxe e estrutura:** Comandos em linguagens de programação se sobrepõem como palavras na língua falada. Para colocar texto na tela em Python ou Ruby, você usa o comando `print`, assim como imprimir e imprimir são os verbos para "print" em francês e português.

» **Ciclo natural de vida:** Uma linguagem de programação nasce quando um programador pensa em uma maneira mais nova ou fácil de expressar um conceito computacional. Se outros programadores a aprovarem, adotam para os próprios programas e ela se espalha. No entanto, assim como o latim ou o aramaico, se não for empregada por outros programadores ou se uma melhor vier, ela morre lentamente pela falta de uso.

Apesar dessas semelhanças, as linguagens de programação diferem dos idiomas falados em alguns aspectos-chave:

» **Criador único:** Diferente da língua falada, linguagens de programação podem ser criadas por uma pessoa em um curto período de tempo, às vezes em pouco dias. Linguagens populares com um único criador incluem JavaScript (Brendan Eich), Python (Guido van Rossum) e Ruby (Yukihiro Matsumoto).

» **Escrita em inglês:** Ao contrário dos idiomas (exceto, é claro, o inglês), quase todas as linguagens de programação são escritas em inglês. Se estiverem programando em HTML, JavaScript, Python ou Ruby, programadores brasileiros, franceses e chineses usam as mesmas palavras-chave e sintaxa em inglês em seus códigos. Existem linguagens de programação que não são em inglês, como algumas em hindi ou árabe, mas nenhuma delas é popular ou convencional.

Comparando linguagens de programação de baixo e alto níveis

Uma maneira de classificar linguagens de programação é como linguagem de baixo ou alto níveis. Linguagens de baixo nível interagem diretamente com o processador do computador, ou CPU, são capazes de executar comandos muito básicos e, geralmente, difíceis de ler. Codificação de máquina, um exemplo de linguagem de baixo nível, usa códigos que consistem em apenas dois números 0 e 1. A Figura 1-5 mostra um exemplo de codificação de máquina. Linguagem de montagem, mais uma de baixo nível, usa palavras-chave para executar comandos básicos, como ler, mover e armazenar dados.

```
01101010011010100010110110010010101100101010101001010101
01111000101011110001101110111000101010010101001101010100
01010100010010010110101000101001011100011001010100100110
00110101010111101011011110100100100010110101010100000101
00110101001101010001011011001001010110010101010100101010
10111100010101111000110111011100010101001010100110101010
00101010001001001011010100010100101110001100101010010011
00011010101011110101101111010010010001011010101010000010
00110101001101010001011011001001010110010101010100101010
10111100010101111000110111011100010101001010100110101010
00101010001001001011010100010100101110001100101010010011
00011010101011110101101111010010010001011010101010000010
00110101001101010001011011001001010110010101010100101010
10111100010101111000110111011100010101001010100110101010
00101010001001001011010100010100101110001100101010010011
00011010101011110101101111010010010001011010101010000010
00110101001101010001011011001001010110010101010100101010
10111100010101111000110111011100010101001010100110101010
00101010001001001011010100010100101110001100101010010011
00011010101011110101101111010010010001011010101010000010
00110101001101010001011011001001010110010101010100101010
10111100010101111000110111011100010101001010100110101010
```

FIGURA 1-5: A codificação de máquina consiste em 0s e 1s.

Por outro lado, linguagens de alto nível usam a linguagem natural, por isso é mais fácil que as pessoas leiam e escrevam. Quando o código é escrito em uma linguagem de nível alto, como C++, Python ou Ruby, um interpretador ou compilador a traduz para um código de baixo nível para que o computador a entenda.

Código compilado contrastante e código interpretado

As linguagens de programação de alto nível devem ser convertidas em linguagens de baixo nível usando um interpretador ou um compilador, dependendo da linguagem. Linguagens interpretadas são consideradas mais portáteis do que as compiladas, enquanto essas executam mais rapidamente do que as interpretadas. Entretanto, a vantagem da velocidade das linguagens compiladas está perdendo a importância conforme as melhorias na velocidade do processador tornam as diferenças entre linguagens interpretadas e compiladas irrelevantes.

Linguagens de alto nível como JavaScript, Python e Ruby são interpretadas. Para elas, o interpretador executa o programa diretamente, traduzindo cada sentença, *uma linha por vez*, em um código de máquina. Linguagens de alto nível como C++, COBOL e Visual Basic são compiladas. Para essas linguagens, depois que o código é escrito, um compilador traduz *todo* o código em código de máquina e um arquivo executável é criado. Então, esse arquivo executável é distribuído via internet, CD-ROMs ou outras mídias, e então executado. Os softwares que você instala em seu computador, como Microsoft Windows ou Mac OS X, são codificados com linguagem compilada, geralmente C ou C++.

Programando para a web

Softwares disponíveis em sites estão começando, gradualmente, a substituir os instalados. Pense na última vez em que instalou alguma coisa em seu computador — nem deve se lembrar! Softwares instalados, como Windows Media Player e Winamp, que reproduzem músicas e filmes, têm sido substituídos por sites como YouTube e Netflix. Processadores tradicionais de textos e softwares de planilhas instalados, como Microsoft Word e Excel, começam a perder concorrência para softwares online como Google Docs e Sheets. O Google está até vendendo laptops chamados Chromebooks, que não possuem softwares instalados e, em vez disso, dependem exclusivamente dos softwares online para funcionar.

O restante deste livro se concentrará em desenvolvimento e criação de softwares online, não apenas pelo seu rápido crescimento, mas também porque são mais fáceis de aprender e criar do que os programas tradicionais instalados.

Percorrendo um Aplicativo da Web Construído com Código

Após toda essa conversa sobre programação, vamos realmente dar uma olhada em um aplicativo da web construído com código. O `Yelp.com` é um site que lhe permite buscar e encontrar avaliações de negócios locais, como restaurantes, vida noturna e compras feita por pessoas pela internet. Como mostrado na Figura 1-6, o Yelp nem sempre teve uma aparência tão sofisticada quanto hoje, mas seu propósito permanece relativamente constante ao longo dos anos.

FIGURA 1-6: O site do Yelp em 2004 e 2014.

Definindo o propósito e o escopo do aplicativo

Uma vez que entenda o propósito do aplicativo, você pode identificar algumas tarefas acionáveis que um usuário deve ser capaz de realizar para atingi-lo. Independente do design, o site do Yelp sempre permitiu aos usuários:

» Procurar listas locais com base no tipo e na localização.

» Encontrar resultados de listagens de endereços, horários, comentários, fotos e localização em um mapa.

Aplicativos da web bem-sucedidos geralmente permitem completar apenas algumas tarefas-chave ao usá-lo. Adicionar muitos recursos a um aplicativo se chama deformação de escopo (scope creep); dilui a força dos existentes e, portanto, é evitado pela maioria dos desenvolvedores. Por exemplo, veja o Yelp, que tem 30 mil avaliações de restaurantes, exatamente uma década após permitir aos usuários fazerem reserva nesses restaurantes diretamente em seu site. Independente de usar ou criar um aplicativo, tenha uma noção clara de seu propósito.

Apoiando-se nos ombros de gigantes

Os desenvolvedores fazem escolhas estratégicas, e decidem quais partes de um aplicativo eles mesmos codificam e em quais partes usam código construído por outros. Muitas vezes se voltam para provedores de terceiros para funcionalidades que não são essenciais no negócio ou não são pontos fortes. Dessa forma, os aplicativos se ancoram nos outros e se beneficiam dos predecessores, que resolveram problemas desafiadores.

O Yelp, por exemplo, exibe críticas de listas locais e as localiza em um mapa. Enquanto o Yelp solicita as críticas e escreve o código para exibir dados básicos das listagens, é o Google, como mostrado na Figura 1-7, que desenvolve os mapas usados no site do Yelp. Ao usar o aplicativo de mapas do Google em vez de construir o próprio, o Yelp criou sua primeira versão com menos engenheiros do que seria preciso se fosse de outra forma.

FIGURA 1-7: Google maps usado para o Yelp.

NESTE CAPÍTULO

» Conhecendo os códigos que alimentam os sites que vê todos os dias

» Entendendo as linguagens usadas para estruturar sites

» Aprendendo como são criados os aplicativos para dispositivos móveis

Capítulo 2
Programação para a Web

É loucura pensar que você pode ter uma ideia em seu dormitório da universidade... e criar algo que um bilhão de pessoas usa. É incrível.

— MARK ZUCKERBERG

A programação para a web permite que você alcance um público massivo em todo o mundo mais rápido do que nunca. Quatro anos após seu lançamento, em 2004, o Facebook já tinha 100 milhões de usuários, e em 2012 passava de 1 bilhão. Em contrapartida, levou anos para que o software de desktop atingisse até mesmo 1 milhão de pessoas. Atualmente, telefones celulares aumentam o alcance dos aplicativos web. Embora cerca de 300 milhões de computadores desktop sejam vendidos por ano, quase 2 bilhões de celulares são vendidos no mesmo período — e o número cresce constantemente.

Neste capítulo, você aprende como os sites são exibidos em seu computador ou smartphone. Apresento as linguagens usadas para programar sites e como os aplicativos para dispositivos móveis são feitos.

Exibindo Páginas da Web em Seu Desktop ou Dispositivo Móvel

Em computadores de mesa e dispositivos móveis, as páginas da web são exibidas por aplicativos chamados *navegadores*. Os mais populares incluem Google Chrome, Mozilla Firefox (anteriormente, Netscape Navigator), Microsoft Internet Explorer e Apple Safari. Até agora, você provavelmente interagiu como um usuário obediente com os sites visitados, e seguiu as regras criadas, direcionando o cursor e clicando quando permitido. O primeiro passo para se tornar um produtor e programador de sites é descascar a página da web, para ver e mexer no código por trás dela.

Pirateando seu site de notícias favorito

Qual é o seu site de notícias favorito? Seguindo alguns passos, você pode ver e até modificar os códigos usados para criá-lo. (Não precisa se preocupar, você não vai infringir nenhuma lei se seguir estas instruções.)

DICA

Embora possa usar praticamente qualquer um dos navegadores modernos para observar os códigos de um site, estas instruções presumem que esteja usando o Google Chrome. Instale sua última versão a partir de `www.google.com/chrome/browser`.

Para "piratear" seu site de notícias favorito, siga estes passos:

1. **Abra o site com o Chrome. (Neste exemplo, uso `www.huffingtonpost.com`.)**

2. **Posicione o cursor de seu mouse sobre qualquer título estático e clique uma vez com o botão direito, o que abrirá um menu de contexto. Então, clique com o botão esquerdo sobre Inspecionar elemento, no menu. (Veja a Figura 2-1.)**

DICA

Se estiver usando um Macintosh, você pode pressionar a tecla Control e clicar.

O painel Ferramentas do desenvolvedor abrirá na parte de baixo do navegador. Esse painel lhe mostra o código usado para criar a página! O título específico em que você clicou estará destacado em azul. (Veja a Figura 2-2.)

DICA

Olhe à esquerda do código destacado. Se vir uma seta apontando para a direita, clique com o botão esquerdo para expandir o código.

FIGURA 2-1: Clique sobre o título com o botão direito e selecione Inspecionar elemento no menu.

FIGURA 2-2: O código destacado foi usado para criar o título da página.

3. Procure com cuidado o código destacado para o texto de seu título. Quando encontrá-lo, clique duas vezes no texto do título. Isso permite que você o edite. (Veja a Figura 2-3.)

   Tenha cuidado para não clicar em nada que comece com `http`, que é o link do título. Clicar nele abrirá uma nova janela ou aba e o carregará.

CAPÍTULO 2 **Programação para a Web** 21

FIGURA 2-3:
Clique duas vezes sobre o título para que possa editá-lo.

4. **Insira seu nome no título e pressione Enter.**

   Agora seu nome aparecerá na página. (Veja a Figura 2-4.) Desfrute de sua fama recém-descoberta!

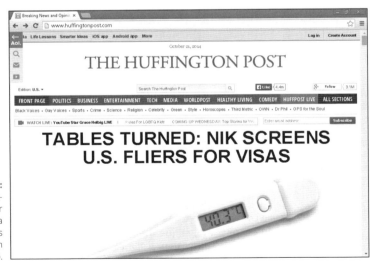

FIGURA 2-4:
Você consegue alterar os títulos da maioria dos sites com sucesso.

DICA

Se conseguir editar títulos após seguir esses passos, visite `http://goggles.webmaker.org` para um tutorial mais fácil e orientado. É uma versão guiada à prova de falhas para editar códigos em uma página. Uma ferramenta de ensino que mostra que qualquer código na internet pode ser modificado. Na página, clique no botão amarelo Activate X-Ray Goggles para ver e editar o código na página do webmaker.org. Tente piratear seu site de notícias favorito novamente, seguindo as instruções "Remix Any Webpage" [conteúdo em inglês].

Se completou os passos anteriores com sucesso e mudou o título original, seus 15 minutos de fama estão perto do fim. Recarregue a página e o título original reaparecerá. O que aconteceu? Suas mudanças apareceram para qualquer um que visitasse a página? E por que sua edição sumiu?

Para responder a essas questões, primeiro você precisa entender como a internet leva um site para o seu computador.

Entendendo como a World Wide Web funciona

Depois de digitar um URL, como huffingtonpost.com, em seu navegador, as etapas adiante acontecem nos bastidores segundos antes de a página carregar (veja a Figura 2-5):

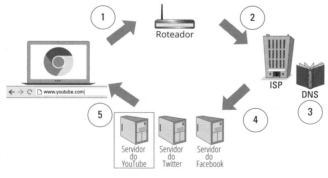

FIGURA 2-5: Passos seguidos para levar um site para seu navegador.

1. Seu computador envia sua solicitação de uma página da web para um roteador. O roteador distribui o acesso à internet pela sua casa ou escritório.

2. O roteador passa sua solicitação para um provedor de serviço de internet (ISP). No Brasil, seus ISP são empresas como Algar Telecom, Oi, Sky, Live Tim, Vivo, Net e GVT.

3. Seu ISP converte as palavras e caracteres de seu URL — "huffingtonpost.com", no meu exemplo — em um endereço numérico chamado *endereço de protocolo de internet* (ou, mais

comumente, *endereço de IP*). Um endereço de IP é um conjunto de números separados por pontos (como, por exemplo, 192.168.1.1). Como seu endereço físico, esse número é único, e cada computador tem um. Seu ISP tem uma lista telefônica digital, similar à física, chamado de *servidor de nomes de domínio*, usada para converter os textos de um URL em endereços de IP.

4. Com o endereço de IP localizado, seu ISP sabe para qual servidor na internet encaminhar sua solicitação, e seu endereço de IP pessoal é incluído nela.

5. O servidor do site recebe sua solicitação e envia uma cópia do código da página para seu computador, para que seu navegador a exiba.

6. Seu navegador processa o código na tela.

Editar o código de um site usando as ferramentas do desenvolvedor, modifica apenas a cópia do código que está em seu computador, então somente você vê a alteração. Ao recarregar a página, você recomeça os passos de 1 a 6 e recupera uma nova cópia do código do servidor, que se sobrepõe a quaisquer mudanças que tenha feito em seu computador.

DICA

Você pode já ter ouvido falar de uma ferramenta de software chamada de *bloqueador de anúncios*. Ele funciona editando a cópia local do código do site, como você fez anteriormente, para remover propagandas. Bloqueadores de anúncios são controversos porque os sites usam a renda de propagandas para pagar custos operacionais. Se os bloqueadores continuarem se popularizando, a renda dos sites pode diminuir e os sites podem exigir que os leitores paguem para ver seu conteúdo.

Observando seu front-end e back-end

Agora que você sabe como seu navegador acessa os sites, vamos nos aprofundar na maneira como um site de verdade é construído. Como mostrado na Figura 2-6, códigos para sites, e para programas em geral, são divididos em quatro categorias, conforme sua função:

FIGURA 2-6: Cada site é formado por quatro partes diferentes.

24 PARTE 1 **Começando**

> **Aparência:** É a parte visível do site, incluindo o layout do conteúdo e qualquer estilo aplicado, como tamanho e família de fontes e dimensão de imagens. Essa categoria é chamada de *front-end* e é criada com linguagens como HTML, CSS e JavaScript.

> **Lógica:** Determina quais conteúdos mostrar e quando. Por exemplo, um carioca que acessa um site de notícias vê o clima do Rio de Janeiro, enquanto um paulistano, acessando o mesmo site, se depara com o de São Paulo. Essa categoria é parte do grupo chamado de *back-end* e é estruturada com linguagens como Ruby, Python e PHP. Essas linguagens de back-end modificam o HTML, CSS e JavaScript exibidos para o usuário.

> **Armazenamento:** Salva todos os dados gerados pelo site e seus usuários. Conteúdos gerados pelo usuário, preferências e dados de perfil são armazenados para recuperação posterior. Essa também é uma categoria de back-end e é armazenada em bancos de dados como MongoDB e MySQL.

> **Infraestrutura:** Entrega o site do servidor para você, a máquina do cliente. Quando a infraestrutura está configurada adequadamente, ninguém a nota, mas pode *se tornar* perceptível quando um site fica indisponível devido ao excesso de tráfego por causa de eventos como eleições presidenciais, competições esportivas ou desastres naturais.

Comumente, desenvolvedores de sites se especializam em uma ou no máximo duas categorias. Por exemplo, um engenheiro pode realmente compreender linguagens de front-end e lógicas, ou se especializar exclusivamente em bancos de dados. Desenvolvedores de sites têm pontos fortes e especializações, e fora dessas áreas seu conhecimento é limitado; da mesma maneira que Jerry Seinfeld, um escritor cômico sensacional, provavelmente seria um romancista deplorável.

PAPO DE ESPECIALISTA

Os raros desenvolvedores proficientes nas quatro categorias são conhecidos como *desenvolvedores full stack*. Geralmente, as empresas menores os contratam, enquanto os grandes negócios exigem o conhecimento que vem com a especialização.

Definindo aplicativos web e móveis

Aplicativos web são sites que você visita usando um navegador em qualquer dispositivo. Sites otimizados para dispositivos móveis, como smartphones ou tablets, são chamados de *aplicativo web móvel*. Por outro lado, *aplicativos nativos móveis* não são visualizados com um navegador. Em vez disso, aplicativos nativos são baixados de uma loja de aplicativos, como a Apple App Store ou o Google Play, e projetados para rodar em dispositivos específicos, como o iPhone ou os de sistema Android. Antigamente, computadores desktop superavam os dispositivos móveis em número e vendas; mas atualmente duas grandes tendências ocorrem em relação ao uso de dispositivos móveis:

» Em 2014, havia mais pessoas com dispositivos móveis do que com computadores desktop. Essa lacuna continuará aumentando, como mostrado na Figura 2-7.

» Usuários de dispositivos móveis passam 80% de seu tempo usando aplicativos nativos e 20% navegando por sites para dispositivos móveis.

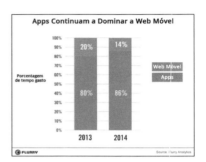

FIGURA 2-7: Dispositivos móveis aumentam em ritmo maior que desktops.

O aumento dos dispositivos móveis aconteceu tão rapidamente nos últimos 10 anos que muitas empresas se tornam "móveis antes de tudo", projetando e desenvolvendo primeiro a versão móvel de seus aplicativos, e depois para desktop. O WhatsApp e o Instagram, dois aplicativos populares, primeiro criaram aplicativos móveis, que ainda têm mais funcionalidades que seus sites regulares.

Codificação de Aplicativos Web

Aplicativos web são mais fáceis de construir do que os móveis, requerem pouco ou nenhum software para desenvolvê-los e testá-los, e rodam em todos os dispositivos, incluindo desktops, laptops e móveis. Embora aplicativos móveis executem muitas tarefas comuns dos aplicativos web, como acesso ao e-mail, algumas ainda são mais fáceis com os aplicativos web. Por exemplo, reservar viagens é mais prático com aplicativos web, especialmente porque as etapas necessárias — conferência de voos, hotéis, aluguel de carros e a compra desses três — são melhor realizadas com múltiplas janelas, acesso a um calendário e inscrição de informações pessoais substanciais e de pagamento.

As linguagens de programação usadas para codificar aplicativos web básicos, definidas nas seções a seguir, incluem HTML (Hypertext Markup Language), CSS (Cascading Style Sheets) e JavaScript. Recursos adicionais podem ser acrescentados a esses sites com linguagens como Python, Ruby ou PHP.

Começando com HTML, CSS e JavaScript

Sites simples, como os mostrados na Figura 2-8, são codificados com HTML, CSS e JavaScript. O HTML é usado para acrescentar texto à página; o CSS, estilo ao texto; e o JavaScript, efeitos interativos, como os botões de compartilhamento do Twitter e do Facebook, que permitem que você compartilhe conteúdo nas redes sociais e atualizam o número de pessoas que fizeram o mesmo. Os sites que carregam principalmente informações estáticas e imutáveis costumam ser codificados apenas nessas três linguagens. Você aprenderá sobre cada uma delas nos próximos capítulos.

FIGURA 2-8: O site lindaliukas.fi, construído com HTML, CSS e JavaScript.

Adicionando lógica com Python, Ruby ou PHP

Sites com funcionalidades mais avançadas, como contas de usuários, uploads de arquivos e e-commerce, geralmente requerem uma linguagem de programação que as implemente. Embora Python, Ruby e PHP não sejam as únicas opções para esses sites, estão entre as mais populares. Essa popularidade implica em grandes comunidades online de desenvolvedores que programam nessas linguagens, postam livremente códigos que você pode copiar para criar recursos básicos e hospedam discussões públicas que podem ser lidas para solucionar problemas comuns.

Cada uma dessas linguagens também tem frameworks populares e bem conhecidos. Um *framework* é uma coleção de componentes genéricos, como contas de usuários e esquemas de autenticação, que são reutilizados com frequência, permitindo que os desenvolvedores criem, testem e publiquem sites mais rapidamente. Pode-se pensar em um framework como uma coleção de templates que vem com um processador de texto. Você pode fazer seu currículo, cartão de felicitações ou agenda a partir do zero, mas usar um template pré-construído para cada um desses tipos de documentos o ajuda a criá-los depressa e com mais consistência. Frameworks populares para essas três linguagens incluem:

- Django e Flask para Python
- Rails e Sinatra para Ruby
- Zend e Laravel para PHP

Codificação de Aplicativos Móveis

Aplicativos móveis são temas em voga atualmente, em parte porque aplicativos como o WhatsApp e o Instagram foram adquiridos por bilhões de dólares e empresas do setor, como a Rovio, produtora do Angry Birds, e a King Digital, do Candy Crush, geram rendas anuais de centenas de milhões a bilhões de dólares.

Ao codificar aplicativos móveis, os desenvolvedores também podem construir:

- Aplicativos web móveis, com HTML, CSS e JavaScript.
- Aplicativos nativos com linguagens específicas. Por exemplo, os dispositivos da Apple são programados com Objective-C ou Swift, e os de sistema Android, com Java.

A escolha entre essas duas opções pode ser simples, mas há alguns fatores em jogo. Considere os seguintes:

- As empresas que desenvolvem aplicativos web móveis devem se certificar de que as versões móveis funcionam em diferentes navegadores, tamanhos de tela e até mesmo para fabricantes distintos, como Apple, Samsung, RIM e Microsoft. Isso resulta em milhares de combinações possíveis de smartphones, o que aumenta a complexidade dos testes antes do lançamento. Aplicativos nativos rodam apenas em uma plataforma, portanto, há menos variações a se considerar.
- Apesar de rodar em apenas um sistema, aplicativos nativos são mais caros e demoram mais para ser construídos do que os móveis.
- Alguns desenvolvedores relataram que aplicativos móveis têm mais problemas de desempenho e carregam mais lentamente que os nativos.

» Como dito anteriormente, os usuários passam mais tempo usando aplicativos nativos e menos aqueles baseados em navegadores.

» Os aplicativos nativos são distribuídos em lojas de aplicativos, o que pode requerer aprovação do proprietário da loja, enquanto os aplicativos móveis são acessíveis a partir de qualquer navegador. Por exemplo, a Apple tem uma política de aprovação rigorosa e leva até seis dias para autorizar a inclusão de um aplicativo na Apple App Store, enquanto a Google tem uma política mais flexível, e demora duas horas para aceitar um aplicativo.

PAPO DE ESPECIALISTA

Em um exemplo famoso de um aplicativo rejeitado por uma loja, a Apple proibiu o Google de lançar o Google Voice na Apple App Store porque rivalizaria com a funcionalidade do iPhone. O Google respondeu criando um aplicativo móvel acessível por qualquer navegador, e a Apple não pode fazer nada para impedir.

Se precisar fazer essa escolha, considere a complexidade do seu aplicativo. Aplicativos simples, como agendas ou menus, podem ser desenvolvidos de forma menos dispendiosa como um app web móvel, enquanto os mais elaborados, como os de mensagens instantâneas e de redes sociais, se beneficiam da forma nativa. Até empresas bem estabelecidas de tecnologia lutam com essa escolha. Inicialmente, o Facebook e o LinkedIn criaram aplicativos móveis, mas ambos passaram a promover e apoiar majoritariamente os nativos. As empresas destacaram maior velocidade, gerenciamento de memória e ferramentas para desenvolvedores como alguns dos motivos para a troca de foco.

Construindo aplicativos móveis

Embora todo site possa ser visto com um navegador, os não otimizados para dispositivos móveis parecem um pouco estranhos, como se o tamanho da fonte e as imagens do site regular tivessem sido redimensionados para caber em uma tela menor. (Veja a Figura 2-9.) Por outro lado, sites otimizados têm fontes legíveis, imagens adaptáveis à tela do dispositivo e um layout vertical, adequado para smartphones.

A construção de aplicativos móveis é feita com HTML, CSS e JavaScript. O CSS controla a aparência do site nos dispositivos com base na largura da tela. Telas estreitas, como as dos smartphones, ganham um layout vertical, enquanto as amplas, como as dos tablets, horizontal. Como os aplicativos móveis são acessados pelo navegador e não estão instalados no dispositivo do usuário, não enviam notificações (alertas) para seu telefone enquanto são executados em segundo plano, com o navegador minimizado, nem se comunicam com outros aplicativos.

FIGURA 2-9:
À esquerda: starbucks.com não otimizado para dispositivos móveis. À direita: starbucks.com otimizado.

Embora possa escrever os códigos HTML, CSS e JavaScript para seus aplicativos móveis a partir do nada, os frameworks móveis permitem que você os desenvolva a partir de uma base de código pré-escrito, como os frameworks para linguagens de programação que mencionei anteriormente. Esses frameworks móveis incluem um conjunto de componentes genéricos que são reutilizados com frequência, e possibilitam que os desenvolvedores construam, testem e publiquem sites com maior rapidez. O Twitter Bootstrap é um desses frameworks móveis, e eu o apresento no Capítulo 8.

Construindo aplicativos nativos móveis

Aplicativos nativos são mais rápidos, confiáveis e parecem mais apresentáveis que os móveis, como mostrado na Figura 2-10. Construídos com Java para sistemas Android, e Objective-C ou Swift para iOS, os aplicativos nativos devem ser carregados em uma loja de aplicativos, o que pode requerer aprovação. O principal benefício de uma loja é a distribuição centralizada e o aplicativo poder ficar destacado em uma parte dela que gere downloads. Além disso, como aplicativos nativos são programas a serem instalados em um dispositivo móvel, são usados em mais situações sem uma conexão com a internet. Por fim, e mais importante, os usuários parecem preferir aplicativos nativos a móveis por uma ampla margem, que continua a crescer.

Aplicativos nativos tiram vantagem de recursos que rodam em segundo plano enquanto são minimizados, como notificações, e se comunicam com outros aplicativos, e esses mecanismos são indisponíveis para aplicativos móveis. Além disso, os nativos lidam melhor com aplicativos com quantidade massiva de gráficos, como jogos. Para ser claro, aplicativos nativos oferecem um melhor desempenho e maior número de recursos, mas requerem mais tempo de desenvolvimento e são mais caros de se construir que os móveis.

FIGURA 2-10: À esquerda: aplicativo nativo do facebook.com. À direita: aplicativo móvel do facebook.com.

Há uma maneira alternativa de construir um aplicativo nativo — uma abordagem híbrida, que envolve a criação de um aplicativo com HTML, CSS e JavaScript, alocando esse código por meio de um "wrapper" e executando-o dentro de um contêiner de aplicativo nativo. O "wrapper" mais popular é um produto chamado PhoneGap, que reconhece comandos específicos de JavaScript que permitem o acesso a funcionalidades de nível do dispositivo comumente inacessíveis a aplicativos móveis. Após uma versão do aplicativo ser construída, os contêineres de aplicativos nativos são lançados para até nove plataformas, incluindo Apple, Android, Blackberry e Windows Phone. A maior vantagem de usar a abordagem híbrida é construir seu aplicativo uma vez e depois lançá-lo simultaneamente para várias plataformas.

DICA

Imagine que saiba tocar piano, mas também queira aprender violino. Uma maneira de fazê-lo é comprar um violino e aprender a tocá-lo. Outra opção é adquirir um sintetizador, configurar o tom do violino e tocá-lo para que pareça um violino. Isso é similar à abordagem híbrida; assim, nesse caso, o piano é o HTML, o CSS e o JavaScript; o violino, o aplicativo nativo para iOS; e o sintetizador, um wrapper, como o PhoneGap. Da mesma forma que o sintetizador pode ser configurado para violino, cello ou violão, o PhoneGap também pode criar aplicativos nativos para Apple, Android e outros sistemas.

E QUANTO A TODAS ESSAS OUTRAS LINGUAGENS DE PROGRAMAÇÃO? (C, JAVA, E ASSIM POR DIANTE)

Você pode se perguntar por que existem tantas linguagens de programação e o que todas fazem. Elas são criadas quando um desenvolvedor percebe uma necessidade não abordada pelas existentes. Por exemplo, a Apple recentemente criou a Swift para facilitar o desenvolvimento de aplicativos para iPhone e iPad do que com a Objective-C, atualmente usada. Depois de criadas, linguagens de programação são muito similares aos idiomas, como português ou latim. Se os desenvolvedores codificam com a nova linguagem, ela floresce e se populariza, como o português nos últimos séculos; caso contrário, sofre o mesmo destino do latim, e se torna uma língua morta.

Talvez você se lembre de linguagens como C++, Java e FORTRAN. Elas ainda existem hoje e são usadas em mais lugares do que pode imaginar. C++ é escolhida quando velocidade e desempenho são extremamente importantes e é usada para programar navegadores, como Chrome, Firefox e Safari; além de jogos, como Call of Duty e Counter Strike. Java é preferida por muitos negócios de larga escala e também é utilizada para programar aplicativos para Android. Por fim, FORTRAN já não é tão difundida ou popular quanto antes, mas é comum dentro da comunidade científica e funcional no setor financeiro, especialmente em alguns dos maiores bancos do mundo, que ainda têm codificações antigas.

Enquanto os programadores pensarem em maneiras mais rápidas e melhores de programar, novas linguagens de programação continuarão a ser criadas, enquanto as mais antigas deixarão de ser utilizadas.

> **NESTE CAPÍTULO**
>
> » Aprendendo os métodos que os programadores seguem ao codificar
>
> » Entendendo as diferentes funções desempenhadas ao criar um programa
>
> » Escolhendo as ferramentas para começar a codificar offline ou online

Capítulo **3**

Tornando-se Programador

O jeito de iniciar é parar de falar e começar a agir.

— WALT DISNEY

A programação é uma habilidade que pode ser aprendida por todos. Você pode ser um universitário se perguntando como começar o aprendizado ou um profissional que espera encontrar um novo trabalho ou melhorar seu desempenho no atual. Em praticamente todos os casos, a melhor maneira de aprender a codificar é:

» Ter um objetivo do que deseja construir.

» Começar a codificar de verdade.

Neste capítulo, você descobre os métodos que todos os programadores seguem quando programam e as diferentes funções que desempenham ao criar um programa (ou, mais comum hoje em dia, um "app"). Você também aprende as ferramentas usadas para codificar offline ou online.

Escrevendo Códigos com um Método

Escrever códigos é como pintar, fabricar móveis ou cozinhar — nem sempre é óbvio como o produto final foi criado. Entretanto, todos os programas, mesmo os mais misteriosos, são criados com um método. Os dois mais populares hoje são:

» **Modelo em cascata:** Um conjunto de passos *sequenciais* seguidos para criar um programa.

» **Desenvolvimento ágil:** Um conjunto de passos *iterativos* seguidos para criar um programa. (Veja a Figura 3-1.)

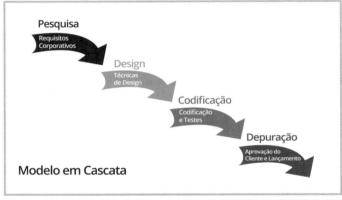

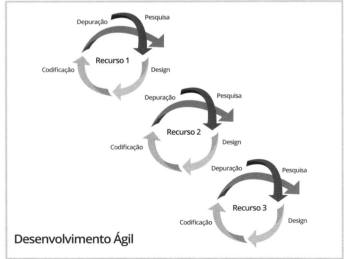

FIGURA 3-1: O modelo em cascata e o desenvolvimento ágil são dois métodos diferentes de criar um software.

Deixe-me descrever um cenário específico para explicar como esses dois métodos funcionam. Imagine que deseja construir um aplicativo de restaurantes que faça estas duas coisas:

>> Mostre informações como horário de funcionamento e cardápio.

>> Permita que os clientes façam e cancelem reservas.

Com o modelo em cascata, você definiria tudo o que aplicativo precisa fazer: projetaria suas partes para exibir informações e para as reservas, codificaria e o disponibilizaria para os clientes. Por outro lado, com o desenvolvimento ágil, definiria, projetaria e codificaria apenas a parte de exibição de informações do aplicativo, o lançaria para os usuários e coletaria feedback. Baseado nesse feedback, redesenharia e faria as mudanças de exibição de informações para resolver as questões principais. Quando estivesse satisfeito com essa parte, então definiria, projetaria e construiria a parte referente às reservas. Novamente, coletaria feedback e refinaria esse recurso para solucionar os problemas urgentes.

O desenvolvimento ágil se concentra em tempos de desenvolvimento mais curtos, e se popularizou à medida que o ritmo das mudanças tecnológicas aumentou. O modelo em cascata, por sua vez, exige que o desenvolvedor codifique e lance o aplicativo de uma vez; mas, considerando que completar um grande projeto leva tempo, podem ocorrer avanços antes que o produto final chegue. Se usar o modelo em cascata para criar o app de restaurantes do exemplo, a tecnologia para fazer as reservas dos clientes pode já ter mudado no momento em que for codificar essa parte. Apesar disso, o modelo em cascata permanece popular em alguns contextos, como para softwares financeiros e governamentais, em que requisitos e aprovações são obtidos no início do projeto, cuja documentação precisa estar completa.

PAPO DE
ESPECIALISTA

O site healthcare.gov [conteúdo em inglês], lançado em outubro de 2013, foi desenvolvido com um processo de modelo em cascata. O teste de todo o código aconteceu em setembro de 2013, quando o sistema completo foi montado. Infelizmente, os testes ocorreram tarde demais e não foram abrangentes, resultando em tempo insuficiente para corrigir erros antes de seu lançamento público.

Independente de escolher o desenvolvimento ágil ou o modelo em cascata, codificar um app engloba quatro etapas:

1. Pesquisar o que deseja construir

2. Projetar seu app

3. Codificar seu app

4. Depurar seu código

LEMBRE-SE

Em média, passamos muito mais tempo pesquisando, projetando e depurando um aplicativo do que realmente o codificando, o oposto do que você talvez espere.

Essas etapas são descritas nas próximas seções. Você usará este processo ao criar um app, no Capítulo 10.

Pesquisar o que deseja construir

Você tem uma ideia para um aplicativo web ou móvel, que geralmente começa com: "Seria ótimo se...". Antes de escrever o código, pesquisar um pouco ajuda. Considere as possibilidades para seu projeto conforme responde às perguntas:

» Qual site/aplicativo similar já existe? Qual é a tecnologia utilizada para construí-lo?

» Quais recursos devo incluir — e, principalmente, excluir — em meu app?

» Quais provedores ajudam a criá-los? Por exemplo, empresas como Google, Yahoo!, Microsoft ou outras podem já ter construído softwares para incorporar a seu app.

Para ilustrar, considere o app de restaurantes, já discutido. Ao realizar pesquisas de mercado e responder às três questões anteriores, a busca com o Google tende a ser o melhor recurso. A pesquisa por *aplicativos para reservas de restaurantes* mostra os existentes, como OpenTable, Restorando, iFood e Get In. O OpenTable, por exemplo, permite aos usuários reservar uma mesa dos restaurantes mostrados em um mapa, por meio do Google Maps.

No app de restaurantes exemplificado, você pesquisaria exatamente o tipo de informações sobre os restaurantes que precisaria fornecer e quão extensa a parte de seu sistema de reserva deveria ser. Além disso, para cada uma dessas questões, deve decidir se cria o recurso do zero ou utiliza um provedor existente. Por exemplo, ao oferecer informações sobre os restaurantes, você deseja exibir nome, tipo de culinária, endereço, telefone e horário de funcionamento ou também seu cardápio? Ao disponibilizar dados de restaurantes, prefere uma cobertura extensa de uma única área geográfica ou quer que seja nacional, mesmo que isso signifique englobar menos restaurantes em qualquer área específica?

Projetar seu app

O design visual de seu app incorpora toda sua pesquisa e define exatamente como seus usuários vão interagir com cada página e recurso. Como acessarão seu site de dispositivos desktop, laptop e móveis, você precisa se certificar de criar um design responsivo (multidispositivo) e avaliar cuidadosamente como será exibido em cada um deles. Nesse ponto do processo, um web designer generalista, ilustrador ou especialista em interface do usuário o ajudará a criar o design visual do app.

DICA

Muitos designs responsivos e templates de licença livre são encontrados na internet. Para exemplos específicos, veja o Capítulo 8 ou busque no Google por *exemplos de sites responsivos*.

Há dois tipos de design visual (veja a Figura 3-2):

» **Wireframes:** Representações de baixa fidelidade de um site, que mostram estruturalmente as formas como o conteúdo e a interface de seu site interagem.

» **Mockups:** Visualizações de sites de alta fidelidade, que incluem cores imagens e logotipos.

DICA

O Balsamiq é uma ferramenta popular usada para criar wireframes, e o Photoshop, para mockups. Entretanto, você pode evitar o pagamento de um software adicional usando PowerPoint (PC), Keynote (Mac) ou OpenOffice, gratuito e de fonte aberta, para criar o design de seus apps.

PAPO DE
ESPECIALISTA

Designers profissionais criam mockups com o Adobe Photoshop e usam *camadas*, que isolam os elementos individuais de um site. Um arquivo em camadas criado corretamente com o Photoshop ajuda os desenvolvedores a escreverem mais facilmente o código desses elementos do site.

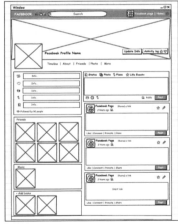

FIGURA 3-2: Wireframes (à esquerda) são renderizações simples de um site, enquanto mockups (à direita) mostram suas visualizações completas.

Além do design visual, para finalizar aplicativos complexos também há designs e decisões técnicos. Por exemplo, se seu app armazenar e recuperar dados do usuário, precisará de um banco de dados para executar essas tarefas. As decisões

CAPÍTULO 3 **Tornando-se Programador** 37

iniciais aqui incluem o tipo de banco de dados a acrescentar, seu provedor específico e a melhor maneira de integrá-lo ao aplicativo. Adicionalmente, os desenvolvedores devem criar o banco de dados escolhendo os campos que serão armazenados. O processo é análogo ao de criar uma planilha para acompanhar a renda de uma empresa — você primeiro decide o número de colunas, se incluirá um campo com porcentagem dos rendimentos ou um valor numérico e assim por diante. Da mesma forma, outros recursos, como login de usuários ou pagamentos com cartão de crédito, exigem que escolha como implementá-los.

Codificando seu app

Com pesquisa e design prontos, agora é o momento de codificar seu aplicativo. No desenvolvimento web corriqueiro, você iniciaria escolhendo quais páginas e recursos começar a codificar. Trabalhando nos projetos deste livro, entretanto, o guiarei sobre o que fazer primeiro.

Saber o quanto codificar e quando parar é difícil. Os desenvolvedores chamam a primeira iteração de um app de *produto viável mínimo* — o que significa que foi codificado o suficiente para ser testado por usuários reais e receber feedback. Se ninguém gostar dele ou não achá-lo útil é melhor descobrir o quanto antes.

Um aplicativo é a soma de seus recursos, e para qualquer recurso individual é uma boa ideia escrever o código mínimo necessário e adicionar a ele. Por exemplo, seu app de restaurantes pode ter uma barra de ferramentas no topo da página com menus suspensos. Em vez de criar todo o menu ao mesmo tempo, é melhor criá-lo e acrescentar o efeito de suspensão depois.

Os projetos englobam desenvolvedores front-end, que codificarão sua aparência, e back-end, para codificação lógica e criação de banco de dados. Um desenvolvedor "full stack" faz ambos. Em projetos de grande porte, é mais comum ver desenvolvedores especializados de front-end e back-end, junto a gerentes de projeto que garantam que todos se comuniquem e envolvam-se com o cronograma para que o projeto termine no prazo.

Depurando seu código

A depuração será uma parte natural de qualquer aplicativo. O computador sempre segue suas instruções à risca e, no entanto, nenhum programa funciona como o esperado. Ela pode ser frustrante. Três dos erros mais comuns a observar são:

> » **Erros de sintaxe:** São causados por erros ortográficos em palavras/comandos, por omissão ou inclusão de caracteres. Algumas linguagens, como HTML e CSS, são indulgentes em relação a eles e seu código ainda funcionará, enquanto outras, como JavaScript, são mais específicas, e seu código não será executado com a presença de erros.

» **Erros de lógica:** São mais difíceis de consertar. Com erros de lógica, sua sintaxe está correta, mas o programa se comporta de forma diferente do esperado, como quando preços de itens em um carrinho de compras não somam o total correto.

» **Erros de exibição:** Comuns principalmente em aplicativos web. Com eles, seu programa roda e funciona corretamente, mas não é exibido adequadamente. Aplicativos web hoje rodam em muitos dispositivos, navegadores e tamanhos de tela, então testes exaustivos são a única maneira de capturar esses erros.

PAPO DE ESPECIALISTA

A palavra em inglês para depurar, *debugging* [ou remover insetos], foi popularizada nos anos 1940 por Grace Hopper, que corrigiu um erro de um computador removendo uma traça dele.

Escolhendo Ferramentas para Trabalhar

Agora você está realmente pronto para codificar. Você pode desenvolver sites mesmo offline, trabalhando com um editor, ou online, com um serviço da web como a Codecademy.com. Especialmente se nunca codificou antes, recomendo fortemente codificar com acesso à internet, com a plataforma da Codecademy. com, porque não precisará baixar ou instalar nenhum software para começar a codificar, não precisará encontrar um hospedeiro para suas páginas nem carregá-las em um. Ao codificar, a Codecademy.com realizará essas tarefas automaticamente para você.

Trabalhando offline

Para codificar offline, você precisará do seguinte:

» **Editor:** É o editor de texto que usará para escrever todo o código que aprender neste livro, incluindo HTML, CSS, JavaScript, Ruby, Python e PHP. O editor usado dependerá do tipo de computador que você tem:

  • *PC:* Use o Bloco de Notas, já instalado, ou instale o Notepad++, gratuito e disponível para download em `http://notepad-plus-plus.org` [conteúdo em inglês].

  • *Mac:* Use o TextEdit, já instalado, ou instale o TextMate 2.0, um editor de fonte aberta disponível para download em `http://macromates.com` [conteúdo em inglês].

CAPÍTULO 3 **Tornando-se Programador** 39

» **Navegador:** Há muitos, como Firefox, Safari, Internet Explorer e Opera; porém, recomendo que use o Chrome, porque oferece o maior suporte para os padrões de HTML mais recentes. Está disponível para download em www.google.com/chrome/browser.

» **Hospedeiro:** Para que o código de seu site seja acessível a todos, precisa hospedá-lo online. Hospedeiros freemium incluem Weebly (www.weebly.com) e Wix (www.wix.com); esses sites oferecem hospedagem básica, mas cobram por recursos adicionais, como armazenamento extra ou remoção de anúncios. O Google fornece hospedagem gratuita através do Site (http://sites.google.com) e do Drive (http://drive.google.com).

Trabalhando online com a Codecademy.com

A Codecademy.com é o caminho mais fácil para aprender a codificar online, e suas lições formam a base deste livro. O site não exige que instale um editor de código ou se inscreva em um hospedeiro antes de começar a codificar, e é grátis para usuários individuais, como você.

O site pode ser acessado com qualquer navegador moderno atualizado, mas são recomendados o Google Chrome ou o Mozilla Firefox.

Visitando o ambiente de aprendizagem

Depois de se inscrever ou entrar no site, verá um cartão interativo ou a interface de codificação, conforme o conteúdo que aprende. (Veja a Figura 3-3.)

Os cartões interativos permitem que clique nos botões de alternância para demonstrar os efeitos do código previamente escrito, enquanto a interface de codificação tem um editor de código e uma janela de visualização que lhe mostra os efeitos do código inserido nele.

FIGURA 3-3: Cartões interativos (à esquerda) e a interface de codificação (à direita) da Codecademy.com.

A interface de codificação tem quatro partes:

» As informações básicas, no canto superior esquerdo da tela, dizem a tarefa de codificação prestes a ser executada.

» O lado inferior esquerdo da tela mostra as instruções para completar na janela de codificação.

» A janela de codificação lhe permite seguir as instruções dos exercícios e escrever o código. A janela de codificação também inclui uma tela de visualização que exibe seu código em tempo real enquanto o digita.

» Depois de completar as instruções de codificação, pressione Save & Submit ou Run. Se as seguiu com sucesso, avance para o exercício seguinte; caso contrário, o site lhe mostrará uma mensagem útil de erro e uma sugestão.

Os cartões interativos têm três partes:

» Informações básicas sobre um conceito de codificação.

» Uma janela de codificação para completar uma tarefa simples. A janela de visualização também exibe seu código em tempo real enquanto o digita.

» Após completar as instruções, pressione o botão Got It. Você pode conferir os cartões interativos anteriores clicando em Go Back.

Recebendo apoio da comunidade

Se tiver um problema ou erro que não consegue corrigir, siga os passos a seguir:

» Clique nas dicas abaixo das instruções.

» Use os fóruns para postar seu problema ou dúvida e confira perguntas que os outros já publicaram.

» Mande um tuíte para mim, em `@nikhilgabraham`, com seu problema ou dúvida, e inclua a hashtag `#codingFD` no final.

2 Construindo Páginas Silenciosas e Interativas

NESTA PARTE . . .

Posicione os conteúdos nas páginas com HTML e os de estilo com CSS.

Estruture o layout de seu site com HTML e CSS.

Crie sua primeira página — a página inicial do Airbnb.

Acrescente interatividade às páginas com JavaScript.

Acesse dados em tempo real com APIs.

NESTE CAPÍTULO

» **Aprendendo o objetivo do HTML**

» **Entendendo a estrutura HTML básica**

» **Acrescentando títulos, parágrafos, hyperlinks e imagens**

» **Formatando textos de páginas**

» **Criando um site básico em HTML**

Capítulo **4**

Explorando o HTML Básico

Você afeta o mundo com o conteúdo pelo qual navega.

— TIM BERNERS-LEE

O *HTML*, ou *HyperText Markup Language*, é usado em todas as páginas pelas quais navega na internet. Sendo tão elementar, um bom primeiro passo é começar por aprendê-lo.

Neste capítulo, você aprende o HTML básico, incluindo sua estrutura fundamental e como fazer textos aparecerem no navegador. Depois, aprende a formatar textos e exibir imagens em um navegador. Finalmente, cria seu próprio, e possivelmente primeiro, site em HTML. Você pode achar que o HTML sem nenhum estilo adicional parece muito simples e não se assemelha aos sites que normalmente visita. Após codificar um site básico com HTML, você adicionará linguagens, nos próximos capítulos, para dar ainda mais estilo a ele.

O que o HTML Faz?

O HTML instrui o navegador a exibir textos e imagens em uma página. Lembre-se da última vez que criou um documento com um processador de texto. Independente de usar o Microsoft Word, Wordpad, Apple Pages ou outro aplicativo, ele tem uma janela principal, para digitar o texto, e um menu ou barra de ferramentas com múltiplas opções para formatá-lo (veja a Figura 4-1). Com seu processador de texto, você cria títulos, escreve parágrafos, insere imagens ou sublinha trechos. Da mesma forma, pode usar o HTML para organizar e formatar textos que aparecem nos sites.

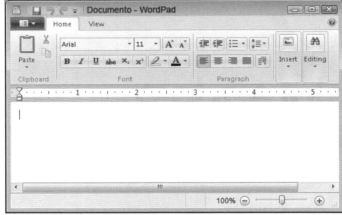

FIGURA 4-1: O layout de um processador de texto.

Documentos de linguagens de marcação, como HTML, são arquivos simples de texto. Ao contrário dos documentos criados com processadores de textos, você vê um arquivo HTML com qualquer navegador em qualquer tipo de computador.

LEMBRE-SE

Arquivos de HTML são arquivos simples de texto, que somente aparecerão formatados quando visualizados em um navegador. Por outro lado, o formato rich text, usado por processadores de textos, adiciona comandos de formatação ocultos ao arquivo. Como resultado, o HTML escrito em um arquivo rich text não é processado corretamente no navegador.

Entendendo a Estrutura do HTML

O HTML segue algumas regras para garantir que um site seja sempre visualizado da mesma maneira, não importa em que navegador ou computador apareça. Uma vez que entenda essas regras, você estará mais apto a prever como o navegador exibirá suas páginas HTML e diagnosticará seus erros quando (e não se!) mostrar sua página diferente do esperado. Desde sua criação, o HTML evoluiu para incluir mais efeitos, mas os elementos estruturais básicos nas seções a seguir permanecem inalterados.

DICA

Você pode usar qualquer navegador para exibir seus arquivos HTML, mas recomendo que baixe, instale e use o Chrome ou o Firefox. Ambos são atualizados com frequência, geralmente são rápidos e suportam e fornecem consistentemente a maior variedade de tags HTML.

Identificando elementos

O HTML usa palavras-chave especiais chamadas de *elementos* para estruturar e formatar um site. O navegador reconhece um elemento e aplica seu efeito se as três condições a seguir forem satisfeitas:

» Um elemento é uma letra, palavra ou frase com um significado especial. Por exemplo, h1 é um elemento reconhecido pelo navegador para aplicar um efeito de título, com texto em negrito e fonte em tamanho ampliado.

» O elemento é incluído entre colchetes angulares, (<) e (>). Um elemento incluído dessa forma é chamado de *tag* (como, por exemplo, <h1>).

» Uma tag de abertura (<element>) é seguida por uma de fechamento (</element>). Note que a tag de fechamento difere da de abertura pela adição de uma barra diagonal após o primeiro colchete angular e antes do elemento (como, por exemplo, </h1>).

LEMBRE-SE

Algumas tags HTML têm fechamento automático e não precisam de tags de fechamento separadas, apenas de uma barra diagonal na de abertura. Para saber mais sobre isso, veja a seção "Familiarizando-se com Tarefas e Tags HTML Comuns", posteriormente neste capítulo.

Quando as três condições são atendidas, o texto entre as tags de abertura e fechamento é formatado com o efeito definido por elas. Se pelo menos uma delas não existir, o navegador exibe texto simples.

Para um melhor entendimento dessas condições, veja o código exemplificado a seguir:

```
<h1>Este é um grande título com as três condições</h1>
h1 Este é um texto sem os sinais < e > ao redor da tag /h1
<rockstar>Este é um texto com uma tag sem sentido para o navegador</rockstar>
Este é um texto regular
```

Você vê como o navegador mostraria esse código na Figura 4-2.

FIGURA 4-2:
O código do exemplo exibido no navegador.

O navegador aplica um efeito de título a "Este é um grande título com as três condições" porque h1 é uma tag de título e há as três condições para uma tag HTML válida:

» O navegador reconhece o elemento h1.

» O elemento h1 está envolto em colchetes angulares, (<) e (>).

» A tag de abertura (<h1>) é seguida por texto e uma de fechamento (</h1>).

DICA

Note como a própria tag h1 não aparece no título. O navegador nunca exibirá o texto real de um elemento em uma tag HTML formatada corretamente.

As linhas restantes de código mostram texto simples porque em cada uma delas falta uma condição. Na segunda linha de código, faltam os colchetes angulares à tag <h1>, o que viola a segunda condição. A terceira linha de código viola a primeira porque rockstar não é um elemento HTML reconhecível. (Ao finalizar este capítulo, no entanto, você pode se sentir um rockstar!) Por fim, a quarta linha de código aparece como texto simples porque não há tags de abertura e fechamento o precedendo e seguindo, o que rompe com a terceira condição.

LEMBRE-SE

Cada colchete angular inicial deve ser seguido pelo elemento e então pelo final. Além disso, todas as tags HTML de abertura devem ser seguidas pelas de fechamento.

Há mais de 100 elementos HTML, e cobrimos os principais nas seções a seguir. Por agora, não se preocupe em memorizar os nomes de elementos individuais.

CUIDADO

O HTML é uma linguagem indulgente e aplica um efeito corretamente mesmo se faltarem partes de um código, como uma tag de fechamento. Porém, se deixar muitos erros, sua página não será exibida corretamente.

Apresentando seu melhor atributo

Atributos oferecem formas adicionais de modificar o comportamento de um elemento ou especificar informações. Comumente, mas não sempre, você define um atributo como um valor entre aspas. A seguir está um exemplo usando os atributos title e hidden:

```
<h1 title="Estados Unidos da América">EUA</h1>
<h1 hidden>Cidade de Nova York</h1>
```

O atributo `title` fornece informações de consulta sobre o elemento que aparece quando o cursor do mouse fica sobre o texto alterado (em outras palavras, uma *dica de contexto*). Nesse exemplo, a palavra EUA é formatada como um título usando a tag `<h1>` com um atributo `title` definido para igual a "Estados Unidos da América". Em um navegador, quando você colocar o cursor do mouse sobre a palavra EUA, o texto Estados Unidos da América será exibido como uma dica de contexto. (Veja a Figura 4-3.)

FIGURA 4-3: Um título com atributo title tem uma dica de contexto.

O atributo `hidden` indica que o elemento não é relevante, então o navegador não processará nenhum elemento com ele. Nesse exemplo, as palavras Cidade de Nova York nunca aparecem na janela do navegador porque o atributo `hidden` está na tag de abertura `<h1>`. Em termos práticos, atributos `hidden` são comumente usados para ocultar campos dos usuários, para que não consigam editá-los. Por exemplo, um site RSVP pode incluir, mas ocultar do usuário, data e horário.

PAPO DE ESPECIALISTA

O atributo hidden é novo no HTML5, o que significa que não funciona em alguns navegadores mais antigos.

Você não precisa usar um atributo por vez. Pode incluir múltiplos na tag HTML de abertura, assim:

```
<h1 title="Estados Unidos da América" lang="pt">EUA</h1>
```

Nesse exemplo, usei o atributo `title` e o `lang`, definindo-o como igual a "pt" para especificar que o conteúdo do elemento está em português.

LEMBRE-SE

Ao incluir múltiplos atributos, separe cada um com um espaço.

CAPÍTULO 4 **Explorando o HTML Básico** 49

Tenha as seguintes regras em mente ao usar atributos:

- » Se usar um atributo, inclua-o sempre na tag de abertura.
- » Múltiplos atributos podem modificar um único elemento.
- » Se o atributo tiver um valor, use o sinal de igual (=) e coloque-o entre aspas.

Mantendo cabeçalho, título e corpo de texto acima de tudo

Os arquivos HTML são estruturados de forma específica para que os navegadores interpretem corretamente suas informações. Todo arquivo HTML tem os mesmos cinco elementos: quatro tags de abertura e fechamento que aparecem somente uma vez e uma que não precisa de tag de fechamento. Como se segue:

PAPO DE ESPECIALISTA

- » `!DOCTYPE html` deve aparecer primeiro em seu arquivo HTML, apenas uma vez. Essa tag permite aos navegadores saberem qual versão do HTML está usando. Nesse caso, é a última, HTML5. A tag de fechamento não é necessária para esse elemento.

    Para sites em HTML4, a primeira linha do arquivo HTML leria `<!DOCTYPE HTML PUBLIC "-//W3C//DTD HTML 4.01//EN" "http://www.w3.org/TR/html4/strict.dtd">`

- » `html` representa a *raiz* ou o começo de um documento HTML. A tag `<html>` é primeiramente seguida pelas tags de abertura e fechamento `<head>` e então pelas `<body>`.

- » `head` contém outros elementos, que especificam informações gerais sobre a página, incluindo o título.

- » `title` define o título na barra do navegador ou na aba da página. Motores de busca, como o Google, usam `title` para ranquear sites em seus resultados.

- » `body` abarca o conteúdo principal de um documento HTML. Textos, imagem e outros conteúdos listados entre as tags de abertura e fechamento `body` são exibidos pelo navegador.

Aqui está um exemplo de um arquivo HTML estruturado adequadamente com essas cinco tags (veja a Figura 4-4):

```
<!DOCTYPE html>
<html>
<head>
    <title>Citações favoritas de filmes</title>
</head>
```

```
<body>
    <h1>"Vou lhe fazer uma oferta irrecusável"</h1>
    <h1>"Houston, temos um problema"</h1>
    <h1>"Que a força esteja com você"</h1>
    <h1>"Você está falando comigo?"</h1>
</body>
</html>
```

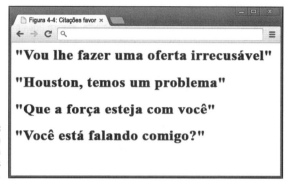

FIGURA 4-4: Uma página criada com elementos HTML básicos.

DICA

O uso de espaços para recuar e separar suas tags é altamente recomendado. Ajuda você e os outros a lerem e entenderem seu código. No entanto, esses espaços funcionam para seres humanos que leem o código. Seu navegador não se importa. No que diz respeito a ele, você poderia executar todas as suas tags juntas em uma linha. (Porém, não faça isso. A próxima pessoa que ler seu código ficará bem chateada.) O HTML reconhece e exibe o primeiro caractere de espaço em branco no texto entre abrir e fechar as tags HTML.

LEMBRE-SE

Nosso exemplo tinha muitas tags h1, mas apenas uma de abertura e fechamento para `html`, `head`, `title` e `body`.

Familiarizando-se com Tarefas e Tags HTML Comuns

Seu navegador pode interpretar mais de uma centena de tags HTML, mas a maioria dos sites usa apenas algumas para fazer a maior parte do trabalho no navegador. Para entender isso, façamos um pequeno exercício: pense em seu site de notícias favorito. Tem algum em mente? Conecte-se à internet, abra seu navegador e digite seu endereço. Leve este livro com você, a seu ritmo — eu espero!

Caso não possa acessar a internet agora, veja o artigo do meu site de notícias favorito, *The New York Times*, na Figura 4-5.

Olhe atentamente para o site de notícias em sua tela (ou veja o meu). Quatro elementos HTML são usados para criar a maior parte da página:

» **Títulos:** São exibidos em negrito e com fonte maior que o restante do texto.

» **Parágrafos:** Cada artigo é organizado em parágrafos com espaços em branco os dividindo.

» **Hyperlinks:** A página inicial do site e as dos artigos têm links para outros artigos e para compartilhá-los nas redes sociais, como Facebook, Twitter e Google+.

» **Imagens:** Os escritores colocam imagens ao longo dos artigos, mas também há as imagens do site, como ícones e logotipos.

FIGURA 4-5: Um artigo do *New York Times* com título, parágrafos, hyperlinks e imagens.

Nas seções a seguir explico como escrever códigos para criar esses recursos HTML básicos.

Escrevendo títulos

Use os títulos para descrever as seções de sua página. O HTML tem seis níveis de títulos (veja a Figura 4-6):

» h1, usado para os títulos principais

» h2, para os subtítulos

» h3 a h6, para títulos menos importantes

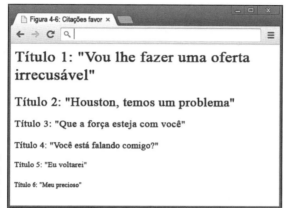

FIGURA 4-6: Títulos criados com elementos de h1 a h6.

O navegador processa os títulos h1 com uma fonte maior do que a do h2, que é maior que o h3. Os títulos começam com tag de título de abertura, então o texto do título e uma tag de fechamento, como se segue:

```
<h1>Texto do título aqui</h1>
```

Aqui estão alguns exemplos adicionais de código com títulos variados:

```
<h1>Heading 1: "Vou lhe fazer uma oferta irrecusável"</h1>
<h2>Heading 2: "Houston, temos um problema"</h2>
<h3>Heading 3: "Que a força esteja com você"</h3>
<h4>Heading 4: "Você está falando comigo?"</h4>
<h5>Heading 5: "Eu voltarei"</h5>
<h6>Heading 6: "Meu precioso"</h6>
```

LEMBRE-SE

Sempre feche o que abrir. Com títulos, lembre-se de incluir uma tag de fechamento, como </h1>.

CAPÍTULO 4 **Explorando o HTML Básico** 53

Organizando textos em parágrafos

Para mostrar os textos em parágrafos, você pode usar o elemento p: coloque uma tag `<p>` de abertura antes do parágrafo e uma de fechamento depois. O elemento p organiza o texto e insere uma quebra de linha após a tag de fechamento.

DICA

Para inserir uma única quebra de linha após qualquer elemento, use a tag `<br>`. Ela é de fechamento automático, então uma tag de fechamento `</br>` não é usada.

Os parágrafos começam com uma tag de abertura de parágrafo, seguem com o texto e uma de fechamento:

```
<p>Texto do parágrafo aqui</p>
```

Alguns exemplos adicionais de codificação de um parágrafo (veja a Figura 4-7):

```
<p>Armstrong: Ok. Vou sair do LM agora.</p>
<p>Armstrong: Este é um pequeno passo para um homem, mas um salto gigante
   para a humanidade.</p>
<p>Armstrong: Sim, a superfície é fina e poeirenta. Posso pegá-la livremente
               com meu dedo. Adere à sola e aos lados da minha bota, formando
               uma camada fina como poeira de carvão.</p>
```

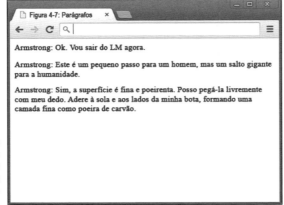

FIGURA 4-7: Texto exibido em parágrafos com o elemento p.

Vinculando seu conteúdo (a seu gosto)

Os hyperlinks são um dos recursos HTML mais valiosos. Páginas que os incluem referenciando outras fontes permitem ao leitor acessá-las com apenas um clique, uma grande vantagem sobre páginas impressas.

Hyperlinks têm duas partes:

» **Destino do link:** A página que o navegador visita quando o link é clicado.

Para definir o destino do link em HTML, comece com uma tag de abertura de âncora (`<a>`) com um atributo `href`. Em seguida, adicione o valor do atributo `href`, o site que o navegador acessará quando o link for clicado.

» **Descrição do link:** As palavras usadas para descrever o link.

Para fazer isso, acrescente o texto que descreve o link após a marca da tag de abertura e, então, uma de fechamento.

O HTML resultante parecerá com isto:

```
<a href="url do site">Descrição do link</a>
```

Mais três exemplos de codificação de um hyperlink (veja a Figura 4-8):

```
<a href="http://www.amazon.com">Comprar algo</a>
<a href="http://www.airbnb.com">Alugar um lugar para ficar em uma hospedagem
    local</a>
<a href="http://www.techcrunch.com">Blog sobre a indústria de tecnologia</a>
```

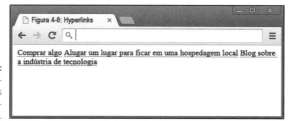

FIGURA 4-8: Três hyperlinks criados com o elemento a.

LEMBRE-SE

Ao processar hyperlinks, o navegador, por padrão, o sublinhará e colorirá em azul. Para alterar essas propriedades modelo, veja o Capítulo 6.

A tag `<a>` não inclui uma quebra de linha após o link.

PAPO DE ESPECIALISTA

O mecanismo de busca do Google classifica as páginas com base nas palavras usadas para descrevê-las entre as tags `<a>` de abertura e fechamento. Isso melhorou os resultados de pesquisa em relação aos métodos anteriores, que se baseavam principalmente na análise do conteúdo das páginas.

CAPÍTULO 4 **Explorando o HTML Básico** 55

Adicionando imagens

Imagens dão vida a páginas HTML de texto simples. Para incluir uma imagem em sua página — ou de outra pessoa — você precisa do endereço da imagem. Sites como o Google Images (images.google.com) e o Flickr (www.flickr.com) admitem buscar por imagens baseadas em palavras-chave. Ao achar uma imagem de que goste, clique com o botão direito sobre ela e selecione Copiar URL da imagem.

CUIDADO

Certifique-se de ter permissão para usar uma imagem. O Flickr tem ferramentas que lhe permitem buscar por imagens com poucas restrições ou de licença livre. Além disso, os sites pagam para hospedar as imagens e incorrem em cobranças quando um site é diretamente vinculado a uma imagem. Por isso, alguns sites não admitem *hotlinking*, ou a linkagem direta de sites de terceiros (como você) a uma imagem.

DICA

Se quiser usar uma imagem que ainda não tenha sido carregada na internet, use um site como www.imgur.com [conteúdo em inglês] para fazê-lo. Após o carregamento, poderá copiar a URL da imagem e usá-la em seu HTML.

Para incluir uma imagem, comece com uma tag de abertura `<img>`, defina a fonte da imagem com o atributo `src` e inclua uma barra diagonal no fim da tag de fechamento para encerrá-la (veja a Figura 4-9):

```
<img src="http://upload.wikimedia.org/wikipedia/commons/5/55/Grace_Hopper.
   jpg"/>
<img src="http://upload.wikimedia.org/wikipedia/commons/b/bd/Dts_news_bill_
   gates_wikipedia.JPG"/>
```

FIGURA 4-9: Imagens de Grace Hopper, vice-almirante da Marinha dos EUA, e Bill Gates, o cofundador da Microsoft, processadas com `<img>`.

DICA

A tag de imagem é de fechamento automático, o que significa que uma tag de fechamento `</img>` não é usada. A tag de imagem é uma das exceções à regra de sempre fechar tudo o que abrir!

Formate-me Bem

Agora que já sabe exibir textos básicos e imagens em um navegador, deve entender como personalizá-los e formatá-los. O HTML possui capacidades simples para fazê-lo, e os próximos capítulos lhe mostram como usar CSS para formatar e posicionar seu conteúdo até o último pixel. Aqui, entretanto, explico como fazer algumas formatações de texto básicas em HTML, e, em seguida, você criará sua primeira página.

Destacando com negritos, itálicos, sublinhados e riscados

O HTML permite formatação básica de texto, com os seguintes elementos:

» `strong` destaca textos importantes, que o navegador exibe como negrito.
» `em` destaca ênfases, mostradas italicizadas pelo navegador.
» `u` sublinha textos.
» `del` assinala textos deletados, visualizados no navegador como riscados.

LEMBRE-SE

O elemento sublinhado não é comumente usado nos textos porque induz a confusões. Afinal, hyperlinks são sublinhados por padrão.

Para usar esses elementos, comece com sua tag de abertura, seguida pelo texto alterado e uma tag de fechamento, como se segue:

```
<nome do elemento>Texto alterado</nome do elemento>
```

Alguns exemplos (veja a Figura 4-10):

```
Grace Hopper, <strong> vice-almirante da Marinha dos EUA </strong>,
    popularizou o termo "depurar".
Bill Gates cofundou uma empresa chamada <em>Microsoft</em>.
Stuart Russell e Peter Norvig escreveram um livro chamado <u>Inteligência
    Artificial</u>.
Mark Zuckerberg criou um site chamado <del>Nosebook</del> Facebook.
Steve Jobs cofundou uma empresa chamada <del><em>Peach</em></del> <em>Apple</
    em>
```

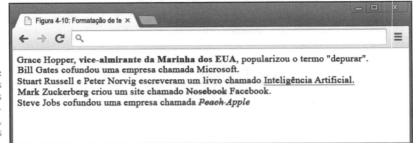

FIGURA 4-10:
Sentenças formatadas com negritos, itálicos, sublinhados e riscados.

DICA

Você pode aplicar inúmeros efeitos ao texto com múltiplas tags HTML. Sempre feche primeiro a última tag aberta. Por exemplo, veja a última linha de código da Figura 4-10, e as tags aplicadas à palavra Peach.

Aumentando e diminuindo textos com sobrescrito e subscrito

Trabalhos de referência, como a *Wikipédia*, e documentos técnicos costumam usar o sobrescrito para notas de rodapé e o subscrito para nomes químicos. Para aplicar esses estilos, use os elementos:

» `sup` para textos marcados com sobrescrito
» `sub` para destaques em subscrito

Para usar esses elementos, comece com sua tag de abertura, seguida pelo texto alterado e a tag de fechamento, como a seguir:

```
<nome do elemento>Texto alterado</nome do elemento>
```

Dois exemplos (veja a Figura 4-11):

```
<p>A Universidade da Pensilvânia anunciou ao público o primeiro computador
    eletrônico de uso geral, chamado ENIAC, em 14 de fevereiro de
    1946.<sup>1</sup></p>
<p>Os Centros de Controle e Prevenção de Doenças recomendam beber vários
    copos de H<sub>2</sub>0 por dia.</p>
```

58   PARTE 2 Construindo Páginas Silenciosas e Interativas

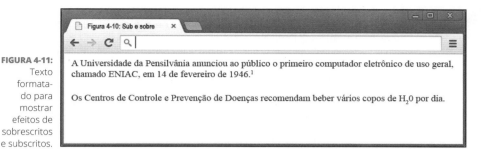

FIGURA 4-11:
Texto formatado para mostrar efeitos de sobrescritos e subscritos.

DICA

Ao usar elementos sobrescritos para marcar notas de rodapé, use uma tag de âncora `<a>` para vincular diretamente à nota de rodapé, para que o leitor a veja facilmente.

Construindo Seu Primeiro Site com HTML

Agora que aprendeu o básico, pode colocar seu conhecimento em ação. Pratique diretamente em seu computador seguindo estas etapas:

1. Abra um editor de textos, como o Bloco de Notas (em um PC) ou TextEdit (em um Mac).

Em um PC que rode Microsoft Windows, você acessa o Bloco de Notas clicando no botão Iniciar e selecionando executar; na caixa de pesquisa, digite *Bloco de Notas*. Em um Macintosh, selecione a busca no Spotlight (ícone de ampulheta no canto superior direito da barra de ferramentas) e digite *TextEdit*.

2. Escreva no editor de texto qualquer um dos exemplos de código que viu neste capítulo ou crie sua própria combinação do código.

3. Ao finalizar, salve o arquivo e certifique-se de incluir ".html" no final de seu nome.

4. Dê um clique duplo no arquivo, que abrirá em seu navegador padrão.

DICA

Você pode baixar gratuitamente editores de texto específicos para escrever códigos. Para PCs, há o Notepad++, em `www.notepad-plus-plus.org`. Para Mac, o TextMate, em `http://macromates.com/download` [conteúdos em inglês].

Se quiser praticar HTML online, pode usar o site da Codecademy. A Codecademy é um site gratuito criado em 2011, que permite que todos aprendam a

CAPÍTULO 4 **Explorando o HTML Básico**   59

codificar diretamente no navegador, sem instalar ou baixar nenhum software. (Veja a Figura 4-12.) Pratique todas as tags (e algumas mais) que aprendeu neste capítulo seguindo estes passos:

1. **Abra seu navegador, vá para** www.dummies.com/go/coding **e clique no link da Codecademy.**

2. **Crie uma conta na Codecademy ou entre, se já tiver uma. Criá-la permite salvar seu progresso conforme trabalha, mas é opcional.**

3. **Navegue até HTML Basics e clique.**

4. **As informações fundamentais são apresentadas na parte superior esquerda do site e as instruções, na inferior esquerda.**

5. **Complete as instruções na janela de codificação principal. Conforme digita, é gerada uma visualização em tempo real de seu código.**

6. **Após concluir as instruções, clique em Save and Submit Code.**

   Se seguiu as instruções corretamente, um ícone verde de completado aparecerá, e você irá para o exercício seguinte. Se houver algum erro em seu código, aparecerá um aviso com uma sugestão para repará-lo. Se você se deparar com algum problema ou falha que não consegue corrigir, use os fóruns ou envie um tuíte para @nikhilgabraham e inclua a hashtag #codingFD.

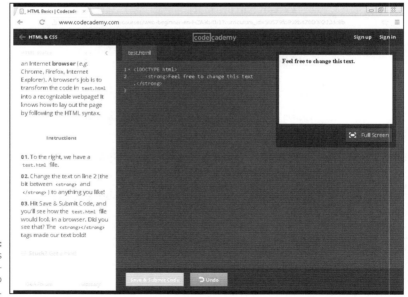

FIGURA 4-12: Exercícios da Codecademy no navegador.

A HISTÓRIA DO HTML

Um engenheiro da computação, Tim Berners-Lee, queria que os acadêmicos acessassem facilmente seus textos e colaborassem uns com os outros. Para atingir esse objetivo, em 1989, Berners-Lee criou a primeira versão do HTML, com os mesmos elementos de hyperlink que você aprendeu neste capítulo, e hospedou o primeiro site em 1991. Diferente da maioria dos outros softwares computacionais, Berners-Lee disponibilizou o HTML sem royalties, permitindo adoção e uso generalizados em todo o mundo. Pouco depois de criar a primeira iteração do HTML, Berners-Lee fundou o W3C ("World Wide Web Consortium"), um grupo de instituições acadêmicas e corporativas que definem e mantêm a linguagem HTML. O W3C continua a desenvolver a linguagem HTML, e definiu mais de 100 elementos HTML, muito mais que os 18 inicialmente criados por Berners-Lee. A última versão do HTML é o HTML5, que tem novas funcionalidades consideráveis. Além de suportar elementos das versões anteriores, o HTML5 permite que os navegadores reproduzam arquivos de áudio e vídeo, identifiquem facilmente a localização física de um usuário e construam quadros e gráficos.

NESTE CAPÍTULO

» Organizando os conteúdos em uma página

» Escrevendo listas HTML

» Criando tabelas HTML

» Preenchendo formulários HTML

Capítulo 5
Conheça Melhor o HTML

Estou no controle, quero tudo organizado e preciso de listas.

— SANDRA BULLOCK

Mesmo seu melhor conteúdo precisa ser estruturado para aumentar a legibilidade para seus usuários. Este livro não é uma exceção. Considere a lista de itens marcada como "NESTE CAPÍTULO" no topo desta página ou o Sumário no começo deste livro. Listas e tabelas facilitam as coisas para que você as entenda em uma rápida olhada. Ao imitar a estrutura encontrada em um livro ou revista, os elementos da web permitem definir com precisão como os conteúdos, como textos e imagens, aparecem.

Neste capítulo, você aprenderá a usar elementos HTML, como listas, tabelas e formulários, e descobrirá quando são adequados para seu conteúdo.

Organizando o Conteúdo na Página

A legibilidade é o princípio mais importante para organizar e exibir conteúdo em sua página. Ela deve permitir que os visitantes leiam, compreendam e interajam facilmente com seu conteúdo. A ação desejada que tem em mente para seus visitantes pode ser clicar e ler conteúdo adicional, compartilhá-lo com os outros ou talvez fazer uma compra. Um conteúdo mal organizado fará com que os usuários saiam do site antes de se envolverem com o conteúdo por tempo suficiente para completar a ação.

As Figuras 5-1 e 5-2 mostram dois exemplos de legibilidade de sites. Na Figura 5-1, procurei um apartamento em Nova York no Craigslist.org. Os resultados de pesquisa estão estruturados como uma lista, e você pode limitar o conteúdo exibido usando os filtros e formulários de busca. Cada lista tem múltiplos atributos, como descrição, quantidade de quartos, bairro e, principalmente, valores. Comparar atributos semelhantes de listas diferentes requer um pouco de trabalho — observe a linha irregular que seu olho precisa seguir.

FIGURA 5-1: Uma lista do Craigslist.org de apartamentos em Nova York (2014).

A Figura 5-2 mostra os resultados de uma busca que fiz no Hipmunk.com de voos de Nova York para Londres. Semelhante aos resultados de pesquisa do Craigslist, você pode limitar o conteúdo exibido com filtros e formulários de busca. Além disso, cada voo listado tem múltiplos atributos, que incluem preço, transporte, hora de partida, tempo de pouso e duração, similares aos atributos dos apartamentos. Entretanto, comparar características de voos diferentes é muito mais fácil com o layout do Hipmunk. Repare como o conteúdo, em oposição ao do Craigslist, tem um layout que permite ao seu olho seguir uma linha reta na página, para que classifique e compare facilmente opções distintas.

DICA

Não subestime o poder da simplicidade ao exibir conteúdo. Embora o layout do conteúdo do Craigslist seja muito simples, é um dos 50 sites mais visitados no mundo. O Reddit.com é outro exemplo de site com layout simples entre os 50 principais.

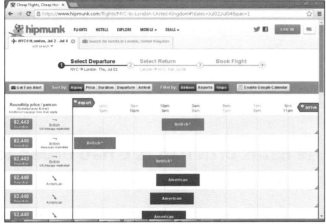

FIGURA 5-2: Uma lista do Hipmunk. com de voos de Nova York para Londres (2014).

Antes de exibir seu conteúdo, pergunte a si mesmo:

» **Seu conteúdo possui um atributo com dados relacionados ou segue etapas sequenciais?** Se sim, considere usar listas.

» **Seu conteúdo tem vários atributos propícios para comparação?** Se sim, considere usar tabelas.

» **Precisa contabilizar inserções de visitantes?** Se sim, considere usar formulários.

DICA

Não deixe que essas opções o controlem. Escolha uma, veja como seus visitantes reagem e, se necessário, mude a exibição de seu conteúdo. O processo de avaliação de versões da mesma página é chamado de *teste A/B*.

Listando Dados

Os sites utilizaram listas por décadas para transmitir informações relacionadas ou hierárquicas. Na Figura 5-3, você vê uma versão antiga do Yahoo.com, que usa listas com marcadores para exibir várias categorias, e a versão atual da página de culinária Allrecipes.com, com listas que mostram os diversos ingredientes.

CAPÍTULO 5 **Conheça Melhor o HTML** 65

As listas começam com um símbolo, um recuo, e, em seguida, vem o item. O símbolo usado pode ser um número, letra, marcador ou nada específico.

FIGURA 5-3:
Página inicial do Yahoo!, em 1997, com lista não ordenada (à esquerda) e o Allrecipes. com, em 2014, com lista ordenada (à direita).

Crie listas ordenadas e não ordenadas

Os dois tipos mais populares de listas são:

» **Ordenadas:** As listas ordenadas são numéricas ou alfabéticas, e a ordem dos itens é importante.

» **Não ordenadas:** Geralmente são listas com marcadores, em que a ordem dos itens é irrelevante.

Você cria listas especificando se serão ordenadas ou não, e então adicionando cada item com a tag li, como especificado nos passos a seguir:

1. **Especifique o tipo.**

Acrescente tags de lista de abertura e fechamento para especificar se ela é ordenada (ol) ou não ordenada (ul), como se segue:

- ol especifica o começo e o final de uma lista ordenada.
- ul especifica o começo e o final de uma lista não ordenada.

2. **Adicione as tags de abertura e fechamento (que são <li> e </li>) para cada item na lista.**

Por exemplo, uma lista ordenada:

```
<ol>
    <li> Primeiro item da lista </li>
    <li> Segundo item da lista </li>
    <li> Terceiro item da lista </li>
</ol>
```

66 PARTE 2 **Construindo Páginas Silenciosas e Interativas**

Aninhando listas

Além disso, você pode aninhar listas dentro de listas. Listas de qualquer tipo podem ser aninhadas dentro de outra; para fazê-lo, substitua a tag `<li>` do item por uma tag de lista, `<ol>` ou `<ul>`.

O código exemplificado na Figura 5-4 mostra vários tipos de listas, incluindo uma aninhada. (Veja as Figuras 5-4 e 5-5.)

```
<!--Lista ordenada-->
<h1>Tarefas de hoje</h1>
<ol>
    <li>Marcar uma reunião de produtos</li>
    <li>Almoçar com Arun</li>
    <li>Esboçar a apresentação do cliente</li>
</ol>

<!--Lista aninhada-->
<h1>Tarefas de amanhã</h1>
<ul>
    <li>Mandar rascunhos para o escritório</li>
    <li>Relatar despesas</li>
    <ol>
        <li>Viagem a San Francisco</li>
        <li>Viagem a Los Angeles</li>
    </ol>
</ul>
```

FIGURA 5-4: Codificando uma lista ordenada e uma aninhada.

FIGURA 5-5: Página originada pelo código da Figura 5-4.

DICA

A tag `<h1>` mostrada nesse exemplo de código não é necessária para criar listas. Eu a uso apenas para nomeá-las.

Toda tag de abertura de lista ou de item deve ser seguida por uma tag de fechamento correspondente.

CAPÍTULO 5 **Conheça Melhor o HTML** 67

Colocando Dados em Tabelas

As tabelas ajudam a organizar textos e dados tabulares na página. (Veja a Figura 5-6.) O formato de tabela é especialmente conveniente para exibir informações de preço, comparar recursos de produtos ou em qualquer situação em que colunas e linhas compartilhem um atributo em comum. As tabelas funcionam como contêineres, abarcam e exibem qualquer tipo de conteúdo, como textos, títulos e listas, e imagens. Por exemplo, a tabela na Figura 5-6 inclui conteúdo adicional e formatação como ícones no topo de cada coluna, sombreamento de fundo cinza e botões arredondados. Esse conteúdo e formatação fazem com que as tabelas que você vê online difiram das que comumente vê em livros.

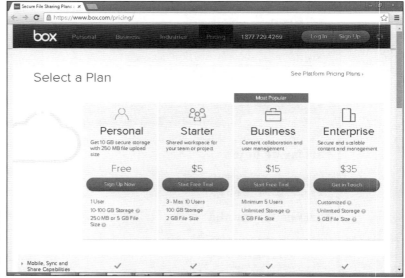

FIGURA 5-6:
O Box.net usa tabelas para exibir informações de preço.

Evite usar tabelas para criar layouts de páginas. No passado, os desenvolvedores criavam layouts multicolunas com tabelas, mas os de hoje em dia usam CSS (veja o Capítulo 7) para tarefas relacionadas a layout.

Estruturação básica de tabela

As tabelas são compostas por inúmeras partes, como mostradas na Figura 5-7.

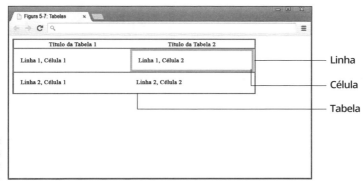

FIGURA 5-7:
Diferentes partes de uma tabela.

Você cria uma tabela com as etapas básicas a seguir:

1. **Estruture uma tabela com o elemento** `table`.

   Para fazê-lo, adicione tags `<table>` de abertura e fechamento.

2. **Divida as tabelas em linhas com o elemento** `tr`.

   Entre as tags `table` de abertura e fechamento, crie tags de abertura `<tr>` e fechamento `</tr>` para cada linha de sua tabela.

3. **Divida as linhas em células com o elemento** `td`.

   Entre as tags `tr` de abertura e fechamento, crie tags de abertura e fechamento `td` para cada célula na linha.

4. **Destaque células de título com o elemento** `th`.

   Por fim, especifique as células que são títulos substituindo o elemento `td` pelo `th`.

LEMBRE-SE

Sua tabela terá apenas uma tag de abertura e fechamento `<table>`; porém, pode ter uma ou mais linhas (`tr`) e células (`td`).

O exemplo de código a seguir mostra a sintaxe para criar a tabela da Figura 5-7.

```
<Table>
    <tr>
        <th>Título 1 da tabela</th>
        <th>Título 2 da tabela</th>
    </tr>
    <tr>
        <td>Linha 1, Célula 1</td>
        <td>Linha 1, Célula 2</td>
    </tr>
    <tr>
```

```
        <td>Linha 2, Célula 1</td>
        <td>Linha 2, Célula 2</td>
    </tr>
</table>
```

DICA

Depois de decidir quantas linhas e colunas sua tabela terá, certifique-se de usar tags `<tr>` de abertura e fechamento para cada linha, e `<td>` para cada célula nela.

Expandindo colunas e linhas da tabela

Dê uma olhada na tabela que descreve a demonstração financeira do Facebook, na Figura 5-8. Dados de 2011, 2012 e 2013 aparecem em colunas individuais de largura e tamanho idênticos. Agora, veja Renda Total, que aparece em uma célula que se estende por várias colunas.

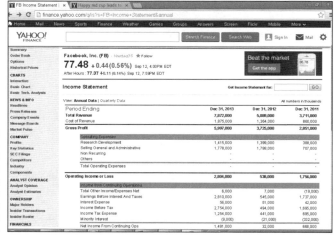

FIGURA 5-8: Uma demonstração financeira em uma tabela com colunas de diferentes tamanhos.

PAPO DE ESPECIALISTA

Estender uma célula por colunas ou linhas é chamado de *expansão*.

O atributo `colspan` expande uma coluna por colunas verticais subsequentes. O valor do atributo `colspan` é igual ao número de colunas que a estendida ocupará. Você sempre estende uma coluna da esquerda para a direita. Da mesma forma, o atributo `rowspan` estende uma linha por linhas horizontais subsequentes. Defina `rowspan` como o número de linhas que a expandida ocupará.

O código a seguir gera uma parte da tabela mostrada na Figura 5-8. Você pode ver o atributo `colspan` expandindo a célula Renda Total por duas colunas. Como descrito no Capítulo 4, a tag `<strong>` é usada para destacar textos importantes, e é mostrada pelo navegador como negrito.

```
<tr>
  <td colspan="2">
    <strong>Total Revenue</strong>
  </td>
  <td>
    <strong>7,872,000</strong>
  </td>
  <td>
    <strong>5,089,000</strong>
  </td>
  <td>
    <strong>3,711,000</strong>
  </td>
</tr>
```

Se definir a expansão de uma coluna ou linha por mais colunas ou linhas do que a tabela tem, o navegador vai inserir colunas ou linhas adicionais, mudando o layout de sua tabela.

O CSS ajuda a dimensionar colunas e linhas individuais bem como a tabela completa. Veja o Capítulo 7.

Alinhando tabelas e células

A última versão do HTML não suporta as tags e os tributos desta seção. Embora seu navegador possa processar corretamente esse código, não há garantia de que o fará no futuro. Eu os incluo porque, ao escrever códigos HTML na internet, alguns sites, como o Yahoo! Finanças, nos exemplos anteriores, ainda usam esses atributos obsoletos (mais antigos) nas tabelas. Esse código é similar aos expletivos — conheça-os, mas evite usá-los. Consulte o Capítulo 6 para ver técnicas modernas usando o Cascading Style Sheets (CSS) para obter efeitos idênticos.

O elemento `table` tem três atributos obsoletos — `align`, `width` e `border`. Eles são descritos na Tabela 5-1.

TABELA 5-1 Atributos de Tabela Substituídos pelo CSS

Nome do Atributo	Valores Possíveis	Descrição
`align`	left center right	Posição da tabela em relação ao documento com o valor do atributo. Por exemplo, `align="right"` posiciona a tabela no lado direito da página.
`width`	pixels (#) %	Largura da tabela medida em pixels na tela, como porcentagem da janela do navegador ou do conteúdo da tag.
`border`	pixels (#)	Largura da margem da tabela em pixels.

O código exemplificado a seguir mostra a sintaxe para criar a tabela da Figura 5-9, com os atributos `align`, `width` e `border`.

```
<Table align="right" width=50% border=1>
   <tr>
      <td>A Rede Social</td>
      <td>Geração Curtida</td>
   </tr>
   <tr>
      <td>Tron</td>
      <td>Jogos de Guerra</td>
   </tr>
</table>
```

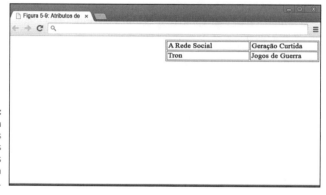

FIGURA 5-9: Uma tabela com os atributos obsoletos align, width e border.

LEMBRE-SE

Sempre insira atributos dentro da tag de abertura `<html>` e inclua palavras entre aspas.

O elemento `tr` tem dois atributos obsoletos — `align` e `valign`. Estão descritos na Tabela 5-2.

O elemento `td` tem quatro atributos obsoletos — `align`, `valign`, `width` e `height`. Estão descritos na Tabela 5-3.

O exemplo de código a seguir mostra a sintaxe para criar a tabela da Figura 5-10, com os atributos `align`, `valign`, `width` e `height`.

```
<Table align="right" width=50% border=1>
   <tr align="right" valign="bottom">
      <td height=100>A Rede Social</td>
      <td>Geração Curtida</td>
   </tr>
```

```
<tr>
   <td height=200 align="center" valign="middle">Tron</td>
   <td align="center" valign="top" width=20%>Jogos de Guerra</td>
</tr>
</table>
```

TABELA 5-2 Atributos de Linha de Tabela Substituídos pelo CSS

Nome do Atributo	Valores Possíveis	Descrição
align	left right center justify	Alinhamento horizontal do conteúdo das células de uma linha de acordo com o valor do atributo. Por exemplo, align="right" posiciona seu conteúdo do lado direito de cada célula.
valign	top middle bottom	Alinhamento vertical do conteúdo das células de uma linha conforme o valor do atributo. Por exemplo, align="bottom" posiciona seu conteúdo na parte inferior de cada célula.

TABELA 5-3 Atributos de Célula de Tabela Substituídos pelo CSS

Nome do Atributo	Valores Possíveis	Descrição
align	left right center justify	Alinhamento horizontal do conteúdo de uma célula de acordo com o valor do atributo. Por exemplo, align="center" centraliza o conteúdo da célula.
valign	top middle bottom	Alinhamento vertical do conteúdo de uma célula conforme o valor do atributo. Por exemplo, align="middle" posiciona seu conteúdo no meio da célula.
width	pixels (#) %	Largura de uma célula medida em pixels na tela ou como porcentagem da largura da tabela.
height	pixels (#) %	Altura de uma célula medida em pixels na tela ou como porcentagem da largura da tabela.

CAPÍTULO 5 **Conheça Melhor o HTML** 73

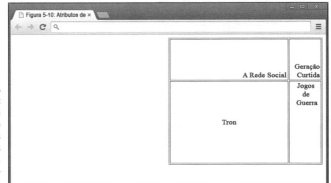

FIGURA 5-10: Uma tabela com atributos obsoletos align, valign, width e height.

CUIDADO

Lembre-se, esses atributos não são mais suportados e não devem ser utilizados em seu código.

Preenchendo Formulários

Os formulários lhe permitem armazenar inserções de visitantes em seu site. Até agora, exibimos o conteúdo como se apresenta, mas capturá-las lhe possibilita:

» **Modificar conteúdos da página.** Por exemplo, filtros de preços e datas em sites de companhias aéreas permitem encontrar o voo desejado mais rapidamente.

» **Guardar inserções para uso posterior.** Por exemplo, um site pode usar formulários de registro para recolher informações de e-mail, nome de usuário e senha, que lhe permitirão acessá-lo posteriormente.

Entenda como formulários funcionam

Os formulários enviam informações inseridas por um usuário em um servidor pelo seguinte processo:

1. O navegador exibe um formulário na máquina do cliente.
2. O usuário o completa e pressiona o botão Enviar.
3. O navegador remete os dados coletados do formulário para um servidor.

4. O servidor processa e armazena os dados e envia uma resposta à máquina do cliente.

5. O navegador exibe a resposta, geralmente indicando que o envio foi bem-sucedido.

DICA

Veja o Capítulo 2 para uma discussão adicional sobre a relação entre cliente e servidor.

LEMBRE-SE

Uma descrição completa de como o servidor recebe e armazena dados (Passos de 3 a 5) ultrapassa o escopo deste livro. Por agora, tudo de que precisamos saber é que as linguagens de programação do servidor, como Python, PHP e Ruby são usadas para escrever scripts que recebem e armazenam envios de formulários.

Formulários são muito flexíveis e registram uma variedade de inserções dos usuários. Campos de inserções utilizados em formulários incluem campos de texto livre, botões e caixas de seleção, menus suspensos, controles deslizantes, datas, números de telefone, entre outros. (Veja a Tabela 5-4.) Além disso, campos de inserções podem ser configurados para valores padrão, sem qualquer inserção do usuário.

TABELA 5-4 Atributos Selecionados de Formulários

Nome do Atributo	Valores Possíveis	Descrição

`type`	`checkbox`
	`email`
	`submit`
	`text`
	`password`
	`radio`
	(uma lista completa foi omitida aqui por limitações de espaço)
		Define o tipo de campo de inserção para exibir no formulário. Por exemplo, `text` é usado para campos de texto livre e `submit`, para criar um botão de envio.

`value`	*text*	O valor inicial do controle de inserções.

DICA

Veja a lista completa dos tipos de formulários de inserções e códigos de exemplo em www.w3schools.com/tags/att_input_type.asp [conteúdo em inglês].

CAPÍTULO 5 **Conheça Melhor o HTML** 75

Criando formulários básicos

Você cria um formulário básico assim:

1. **Estruture um formulário com o elemento `form`.**

   Comece acrescentando tags de abertura `<form>` e fechamento `</form>`.

2. **Com o atributo `action`, especifique no elemento `form` para onde enviar dados do formulário.**

   Adicione um atributo `action` para sua tag de abertura `<form>` e configure-o igual à URL do script que vai processar e armazenar a inserção do usuário.

3. **Com o atributo `method`, especifique no elemento `form` como enviar dados do formulário.**

   Adicione um atributo `method` para sua tag de abertura `<form>` e a defina como POST.

PAPO DE ESPECIALISTA

O atributo `method` é definido como GET ou POST. Os aspectos técnicos de cada um extrapolam os propósitos deste livro, mas, em geral, POST é usado para armazenar informações sigilosas (como números de cartões de crédito), enquanto GET, para permitir que os usuários reservem ou compartilhem com outros os resultados do envio de um formulário (como, por exemplo, listas de voos de companhias aéreas).

4. **Forneça uma maneira para que os usuários insiram e enviem respostas com o elemento `input`.**

   Entre as tags de abertura `<form>` e fechamento `</form>` crie uma `<input>`.

LEMBRE-SE

Seu formulário terá apenas uma tag `<form>` de abertura e fechamento; no entanto, haverá pelo menos duas tags `<input>` para recolher e enviar dados dos usuários.

5. **Especifique os tipos de inserções com o atributo `type` no elemento `input`.**

   Para este exemplo, defina o atributo `type` como `"text"`.

DICA

A tag `<input>` não tem uma tag de fechamento, mais uma exceção à regra "feche tudo o que abrir". Essas tags são chamadas de tags de fechamento automático; há mais exemplos no Capítulo 4.

76 PARTE 2 **Construindo Páginas Silenciosas e Interativas**

6. **Por fim, crie outra tag `<input>` e defina o atributo `type` como `submit`.**

O exemplo de código a seguir mostra a sintaxe para criar o formulário mostrado na Figura 5-11.

```
<form action="mailto:nikhil.abraham@gmail.com" method="POST">
    <input type="text" value="Digite uma mensagem curta aqui">
    <input type="submit" value="Enviar">
</form>
```

PAPO DE ESPECIALISTA

O atributo `action` nesse formulário é definido como `mailto`, o que orienta o navegador a enviar um e-mail usando seu cliente de e-mail padrão (como Outlook ou Gmail). Se seu navegador não estiver configurado para lidar com links de e-mails, esse formulário não funcionará. Comumente, formulários são enviados para um servidor processar e armazenar seu conteúdo, mas, nesse exemplo, seu conteúdo é enviado para o aplicativo de e-mail do usuário.

FIGURA 5-11: Um formulário com uma inserção do usuário e um botão de envio.

Praticando Mais o HTML

Pratique HTML online com o site da Codecademy. A Codecademy é um site gratuito criado em 2011 para permitir que todos aprendam a codificar direto no navegador, sem instalar ou baixar software algum. Treine o uso de todas essas tags (e algumas mais) que aprendeu neste capítulo seguindo estes passos:

1. **Abra seu navegador, vá para www.dummies.com/go/coding e clique no link da Codecademy.**

2. **Entre em sua conta da Codecademy.**

   Essa inscrição é discutida no Capítulo 3. Criar uma conta lhe permite salvar seu progresso conforme trabalha, mas é opcional.

3. **Navegue até HTML Basics II e clique para praticar a criação de listas, e até HTML Basics III para a criação de tabelas.**

4. **Informações cruciais são apresentadas na parte superior esquerda do site, e as instruções, na inferior esquerda.**

5. **Siga as instruções na janela de codificação principal. Conforme digita, é gerada uma visualização em tempo real do seu código.**

6. **Após completar as instruções, clique no botão Save and Submit Code.**

   Se seguiu as instruções corretamente, um ícone verde de completado aparecerá, e você irá para o exercício seguinte. Se houver algum erro em seu código, aparecerá um aviso com uma sugestão para repará-lo. Se você se deparar com algum problema ou falha que não consegue corrigir, use os fóruns ou envie um tuíte para `@nikhilgabraham` e inclua a hashtag `#codingFD`.

NESTE CAPÍTULO

» Entendendo o CSS e sua estrutura

» Editando tamanho de texto, cor e estilo

» Formatando imagens

» Usando o CSS em três contextos diferentes

Capítulo 6

Formatando com CSS

Crie o próprio estilo... faça com que seja único para você e identificável para os outros.

— ANNA WINTOUR

Os exemplos de códigos de sites que lhe mostrei nos capítulos anteriores se assemelham a sites que você pode ter visto em uma era longínqua. Os sites por que navega hoje são diferentes, têm uma aparência mais bem acabada e intuitiva. Inúmeros fatores permitiram essa mudança. Vinte anos atrás, você talvez acessasse a internet com um modem dial-up, mas hoje, provavelmente, você tem uma conexão mais rápida e um computador mais poderoso. Os programadores usaram essa banda larga e velocidade extra para escrever códigos para personalizar e formatar sites.

Neste capítulo, você aprenderá técnicas modernas para formatar sites com Cascading Style Sheets (CSS). Primeiro, discuto sua estrutura básica, depois, suas regras para formatar conteúdo. Por fim, mostro como aplicá-las a seus sites.

O que o CSS Faz?

O CSS estiliza elementos HTML com maior controle do que usando apenas HTML. Dê uma olhada na Figura 6-1. À esquerda, o Facebook aparece como é atualmente; à direita, entretanto, a mesma página é mostrada sem a formatação do CSS. Sem o CSS, todas as imagens e textos aparecem justificados à esquerda, as bordas e o sombreamento desaparecem e o texto tem formatação mínima.

FIGURA 6-1: À esquerda: Facebook com CSS. À direita: sem CSS.

O CSS estiliza quase todas as tags HTML que criam elementos visíveis na página, incluindo todas as tags HTML usadas para criar títulos, parágrafos, links, imagens, listas e tabelas que lhe mostrei nos capítulos anteriores. Especificamente, o CSS lhe permite formatar:

» Tamanho do texto, cor, estilo, tipo de fonte e alinhamento
» Cor e estilo dos links
» Tamanho e alinhamento de imagens
» Estilos de listas com marcadores e recuos
» Tamanho de tabelas, sombreamento, bordas e alinhamento

LEMBRE-SE

O CSS estiliza e posiciona os elementos HTML que aparecem em uma página. Entretanto, alguns elementos HTML (como, por exemplo, `<head>`) não são visíveis na página, e não são formatados com CSS.

Você pode se perguntar por que criar uma linguagem à parte, como CSS, para lidar com estilos é considerado uma abordagem melhor que expandir os recursos do HTML. Há três motivos:

» **Histórico:** O CSS foi criado quatro anos após o HTML como uma experiência para ver se desenvolvedores e consumidores desejavam efeitos extras de estilo. À época, não estava claro se o CSS seria útil e somente alguns

80 PARTE 2 **Construindo Páginas Silenciosas e Interativas**

navegadores principais o suportavam. Como resultado, o CSS foi criado separadamente do HTML para permitir aos desenvolvedores construir sites somente com HTML.

» **Gestão do código:** Inicialmente, algumas funcionalidades do CSS replicaram as já existentes do HTML. Porém, especificar efeitos de estilo em HTML resulta em códigos desordenados e caóticos. Por exemplo, especificar um tipo de fonte particular em HTML exige que você inclua o atributo `font` em toda tag de parágrafo (`<p>`). Formatar um único parágrafo desse jeito é fácil, mas aplicar a fonte a uma série de parágrafos (ou a uma página ou site inteiro) rapidamente se torna entediante. Por outro lado, o CSS exige que o tipo de fonte seja especificado uma única vez, e é automaticamente aplicado a todos os parágrafos. Esse recurso facilitam a escrita e preservação do código pelos desenvolvedores. Além disso, separar o estilo do conteúdo do conteúdo propriamente dito permitiu que os mecanismos de busca e outros agentes automatizados dos sites processassem mais facilmente o conteúdo nas páginas.

» **Inércia:** Atualmente, milhões de páginas usam HTML e CSS separadamente, e esse número cresce a cada dia. O CSS começou como uma linguagem separada pelas razões apresentadas anteriormente, e continua separada porque sua popularidade continua aumentando.

Estrutura CSS

O CSS segue um conjunto de regras para garantir que os sites sejam exibidos do mesmo jeito seja qual for o navegador ou computador usado. Às vezes, devido à variação em suportar o padrão CSS, os navegadores podem e exibem páginas de maneiras diferentes. No entanto, em geral, o CSS garante que os usuários tenham uma experiência semelhante em todos os navegadores.

DICA

Você pode usar qualquer navegador para ver o CSS que escreve estilizando seus arquivos HTML, mas recomendo fortemente que baixe, instale e use o Chrome ou o Firefox.

Escolhendo o elemento a formatar

O CSS continua evoluindo e suportando funcionalidades superiores, mas a sintaxe básica para definir suas regras se mantém a mesma. Ele modifica elementos HTML com regras que se aplicam a cada elemento e são escritas da seguinte forma:

```
selector {
  property: value;
}
```

Uma regra de CSS é composta de três partes:

» **Seletor:** O elemento HTML a que deseja aplicar o estilo.

» **Propriedade:** A característica do elemento HTML que deseja formatar, como, por exemplo, tipo de fonte, altura da imagem ou cor.

» **Valor:** As opções para a propriedade que a regra CSS define. Por exemplo, se `color` for a propriedade, o valor pode ser `red`.

O seletor identifica qual elemento HTML a que deseja aplicar o estilo. Em HTML, um elemento é cercado por colchetes angulares, mas em CSS o seletor aparece sozinho. O seletor é seguido por um espaço, uma chave de abertura (`{`), a propriedade com o valor, e uma chave de fechamento (`}`). A quebra de linha após a chave de abertura e após a de fechamento não são necessárias no CSS — na verdade, você poderia colocar todo seu código em uma linha sem quebras ou espaços. O uso de quebras de linha é a convenção seguida pelos desenvolvedores para facilitar a modificação e a leitura do CSS.

DICA

Você encontra as chaves, na maioria dos teclados, à direita da tecla P.

O código a seguir mostra um exemplo de CSS modificando um elemento HTML específico. O código CSS aparece primeiro, seguido pelo HTML que modifica:

O CSS:

```
h1 {
    font-family: cursive;
}
```

E agora o HTML:

```
<h1>
    Maiores IPOs da História Norte-americana
</h1>
<ul>
    <li>2014: Alibaba - $20B</li>
    <li>2008: Visa - $18B</li>
</ul>
```

O seletor CSS marca e formata o elemento HTML com o mesmo nome (nesse caso, as tags `<h1>`). Por exemplo, na Figura 6-2, o título "Maiores IPOs da História Norte-americana", criado com tags de abertura e fechamento `<h1>`, é formatado com o seletor `h1`, e a propriedade `font-family`, com valor `cursive`.

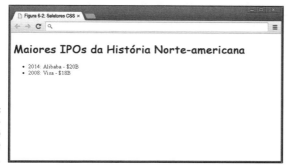

FIGURA 6-2: CSS marcando o elemento de título h1.

LEMBRE-SE

O CSS usa dois-pontos em vez do sinal de igual (=) para definir valores para as propriedades.

DICA

A fonte na Figura 6-2 provavelmente não parece ser `cursive`, como definido no código anterior, porque `cursive` é o nome de uma família genérica de fontes e não de uma em particular. Famílias genéricas de fontes estão descritas posteriormente neste capítulo.

Minha propriedade tem valor

A sintaxe CSS exige que uma propriedade do CSS e seu valor apareçam dentro das chaves de abertura e fechamento. Após cada propriedade, colocamos dois--pontos, e após cada valor, ponto e vírgula. Essa combinação de propriedade e valor é chamada de *declaração*, e um grupo de propriedades e valores, *bloco de declaração*.

Vejamos um exemplo específico com múltiplas propriedades e valores:

```
h1 {
    font-size: 15px;
    color: blue;
}
```

Nesse exemplo, o CSS formata o elemento `h1`, alterando a propriedade `font--size` para `15px` e a `color` para `blue`.

DICA

Você pode melhorar a legibilidade do seu código colocando cada declaração (cada combinação de propriedade e valor) em uma linha própria. Além disso, acrescentar espaços ou tabulações para recuar as declarações também aumenta a legibilidade. Adicionar essas quebras de linha e espaçamentos não afeta propriamente a performance do navegador, mas facilitará para você e para os outros lerem seu código.

CAPÍTULO 6 **Formatando com CSS** 83

Pirateando seu site favorito com CSS

No Capítulo 2, você modificou o código HTML de um site de notícias. Neste capítulo, vai alterá-lo com CSS. Vejamos algumas regras aplicadas de CSS. Neste exemplo, você modificará o CSS do huffingtonpost.com (ou outro site de notícias de sua escolha) usando o Chrome. Siga estas etapas:

1. Com o Chrome, vá até seu site favorito de notícias, idealmente, um com muitos títulos. (Veja a Figura 6-3.)

FIGURA 6-3: O site Huffington Post antes da alteração.

2. Coloque o ponteiro de seu mouse sobre um título, clique com o botão direito e, no menu que aparecerá, selecione Inspecionar elemento.

   Uma janela será aberta na parte inferior do seu navegador.

3. Clique na guia Estilo, do lado direito da janela, para ver as regras de CSS que foram aplicadas aos elementos HTML. (Veja a Figura 6-4.)

4. Mude a cor do título usando CSS. Para fazê-lo, primeiro encontre a propriedade `color` na seção `element.style`; observe a caixa quadrada colorida dentro dessa propriedade, que exibe a amostra de cor atual. Clique nela, troque o valor selecionando uma nova cor no menu pop-up e pressione Enter.

   O título agora aparece na cor que escolheu. (Veja a Figura 6-5.)

DICA

Se a seção `element.style` estiver em branco e nenhuma propriedade `color` aparecer, você ainda pode adicioná-la manualmente. Para fazê-lo, clique na seção `element.style` e, quando o cursor piscando aparecer, digite `color: purple`. O título ficará roxo.

84   PARTE 2 Construindo Páginas Silenciosas e Interativas

FIGURA 6-4:
As regras de CSS que formatam o site Huffington Post.

FIGURA 6-5:
Alterar o CSS muda a cor do título.

DICA

Tal qual o HTML, você pode modificar o CSS de qualquer site com a ferramenta Inspecionar elemento, do Chrome, também conhecida como ferramenta do desenvolvedor. A maioria dos navegadores modernos, incluindo Firefox, Safari e Opera, tem recursos similares.

CAPÍTULO 6 **Formatando com CSS** 85

Tarefas e Seletores Comuns do CSS

Embora o CSS tenha mais de 150 propriedades e muitos valores para cada uma, em sites modernos, um conjunto de propriedades e valores de CSS faz a maior parte do trabalho. Na seção anterior, quando "pirateou" o CSS de um site em tempo real, você alterou a cor de seu título — uma tarefa básica do CSS. Outras tarefas comuns realizadas por ele incluem:

- » Alterar tamanho de fonte, estilo, família e decoração
- » Customizar links, incluindo cor, cor de fundo e estado do link
- » Adicionar imagens de fundo e formatar imagens em primeiro plano

Ginástica da fonte: Tamanho, cor, estilo, família e decoração

O CSS lhe permite controlar textos em muitos elementos HTML. As propriedades e valores de CSS mais comuns relacionados a textos são mostrados na Tabela 6-1. Descrevo-os mais detalhadamente nas seções que se seguem.

TABELA 6-1 Propriedades e Valores Comuns do CSS para Aplicar Estilo em Textos

Nome da Propriedade	Valores Possíveis	Descrição
font-size	pixels (#px) % em (#em)	Especifica o tamanho do texto medido em pixels, como porcentagem do tamanho da fonte do elemento contido ou com um valor calculado pelo valor de pixel desejado dividido pelo tamanho de fonte do elemento contido em pixels. Exemplo: font-size: 16px;
color	name hex code rgb value	Muda a cor do texto especificado com o nome da cor (color: blue;), o código hexadecimal (color: #0000FF;) ou o valor de RGB (red, green, and blue [vermelho, verde e azul]) (color: rgb(0,0,255);).
font-style	normal italic	Define presença ou ausência de itálico na fonte.
font-weight	normal bold	Define presença ou ausência de negrito na fonte.
font-family	font name	Define o tipo de fonte. Exemplo: font-family: "serif";

Nome da Propriedade	Valores Possíveis	Descrição
text-decoration	none underline line-through	Define presença ou ausência de sublinhado ou riscado na fonte.

Selecione o tamanho da fonte

Como em um processador de texto, você pode definir o tamanho da fonte que está usando com a propriedade do CSS `font-size`. Você tem algumas opções para definir o tamanho da fonte, e a mais comum é usar pixels, como se segue:

```
p {
    font-size: 16px;
}
```

Nesse exemplo, usei o seletor `p` para dimensionar o texto do parágrafo para 16 pixels. Uma desvantagem de usar pixels para dimensionar suas fontes acontece quando usuários que preferem fontes grandes, para maior legibilidade, mudam as configurações de seu navegador para um tamanho de fonte padrão maior que o especificado em seu site. Nesse caso, o valor do tamanho da fonte especificado no navegador tem preferência, mas a fonte de seu site não se ajustará.

Porcentagens de dimensionamento e valores em, outras opções para dimensionar suas fontes, são considerados mais favoráveis à acessibilidade. O tamanho de fonte padrão de seu navegador para texto normal é 16 pixels. Com porcentagens de dimensionamento e valores em, as fontes são dimensionadas conforme o padrão especificado pelo usuário. Por exemplo, o CSS para porcentagem de dimensionamento fica assim:

```
p {
    font-size: 150%;
}
```

Nesse exemplo, usei o seletor `p` para dimensionar o texto do parágrafo para 150% do tamanho padrão. Se o tamanho de fonte padrão do navegador estivesse definido em 16 pixels, a fonte desse parágrafo seria dimensionada para 24 pixels (150% de 16).

PAPO DE ESPECIALISTA

Um `font-size` igual a 1px equivale a um pixel em seu monitor, de modo que o tamanho real do texto exibido varia conforme o tamanho do monitor. Consequentemente, para um tamanho de fonte fixo em pixels, o texto aparece menor à medida que a resolução da tela aumenta.

CAPÍTULO 6 **Formatando com CSS**   87

Selecione a cor

A propriedade `color` define a cor de uma das três maneiras:

PAPO DE ESPECIALISTA

» **Nome:** 147 cores podem ser referenciadas por nome. Você pode fazer referência a cores básicas, como black, blue e red, além de algumas incomuns, como burlywood, lemon chiffon, thistle e rebeccapurple.

Rebecca Meyer, filha do proeminente autor dos padrões CSS, Eric Meyer, faleceu em 2014 com um câncer cerebral, aos seis anos. Em resposta, o comitê de padronização de CSS aprovou a adição de um tom de roxo chamado rebeccapurple à especificação CSS em homenagem à Rebecca. Todos os principais navegadores implementaram suporte para a cor.

» **Código hexadecimal:** As cores podem ser definidas como partes de vermelho, verde e azul, e ao usar código hexadecimal, mais de 16 milhões são referenciadas. No exemplo de código, defini a cor de `h1` como `#FF0000`. Após a hashtag, os dois primeiros dígitos, (FF), se referem ao vermelho na cor, os outros dois, (00), ao verde, e os dois finais, (00), ao azul.

» **Valor RGB:** Como os códigos hexadecimais, os valores RGB especificam as partes de vermelho, verde e azul para mais de 16 milhões de cores. Os valores RGB são o decimal equivalente aos valores hexadecimais.

DICA

Não se preocupe em se lembrar de códigos hexadecimais ou valores RGB. Você pode identificar cores facilmente usando um seletor online, como o `www.w3schools.com/tags/ref_colorpicker.asp` [conteúdo em inglês].

O exemplo a seguir mostra os três tipos de especificação de cor:

```
p {
  color: red
}
h1 {
  color: #FF0000
}
li {
  color: rgb(255,0,0)
}
```

LEMBRE-SE

`li` é o nome do elemento para um item em uma lista ordenada ou não ordenada.

DICA

Todas as três cores no código exemplificado anteriormente se referem ao mesmo tom de vermelho. Para uma lista completa de cores que podem ser referenciadas pelo mesmo nome, consulte: `www.w3.org/TR/css3-color/#svg-color` [conteúdo em inglês].

Definindo itálicos e negritos na fonte

A propriedade `font-style` pode colocar itálico nos textos e a `font-weight`, negrito. Para cada uma dessas propriedades, o padrão é `normal`, que não precisa ser especificado. No exemplo a seguir, o parágrafo é formatado para que as fontes apareçam em itálico e negrito. Aqui está um exemplo de cada:

```
p {
    font-style: italics;
    font-weight: bold;
}
```

Definindo a família de fontes

A propriedade `font-family` define o tipo de fonte usado no texto. A propriedade é definida igual a uma fonte ou a uma lista de fontes separadas por vírgulas. Os visitantes de seu site têm uma variedade de fontes instaladas em seu computador, mas a propriedade `font-family` exibe sua fonte especificada somente se ela já estiver instalada em seu sistema.

A propriedade `font-family` pode ser definida como dois tipos de valores:

» **Nome da fonte:** Nomes específicos de fontes, como Times New Roman, Arial e Courier.

» **Família genérica de fontes:** Navegadores modernos costumam definir uma fonte instalada para cada família genérica de fontes. Essas cinco famílias incluem:
- `serif` (Times New Roman, Palatino)
- `sans-serif` (Helvetica, Verdana)
- `monospace` (Courier, Andale Mono)
- `cursive` (Comic Sans, Florence)
- `fantasy` (Impact, Oldtown)

Ao usar `font-family`, é melhor definir duas ou três fontes específicas, seguidas por famílias genéricas de fonte como um recurso alternativo no caso de as fontes que definir não estarem instaladas, como no exemplo a seguir:

```
p {
    font-family: "Times New Roman", Helvetica, serif;
}
```

Nesse exemplo, a família de fonte do parágrafo é definida como Times New Roman. Se a Times New Roman não estiver instalada no computador do usuário, o navegador usará a Helvetica. Se ela também não estiver, usará qualquer fonte disponível da família genérica de fonte serif.

DICA

Ao usar um nome de fonte com muitas palavras (como Times New Roman), coloque o nome da fonte entre aspas.

Definindo a decoração do texto

A propriedade `text-decoration` define o sublinhado ou riscado da fonte. Por padrão, a propriedade é igual a zero, que não precisa ser especificada. No exemplo seguinte, qualquer texto com título `h1` está sublinhado, enquanto qualquer texto dentro de um parágrafo, riscado:

```
h1 {
    text-decoration: underline;
}
p {
    text-decoration: line-through;
}
```

Personalizando links

Em geral, os navegadores exibem links em azul e sublinhados. Originalmente, essa característica padrão minimiza a confusão entre o conteúdo da página e os links interativos. Atualmente, quase todos os estilos de site criam links à sua maneira. Alguns sites não sublinham links; outros os mantêm sublinhados, mas em outras cores que não azul, e assim por diante.

LEMBRE-SE

O elemento HTML de âncora (`a`) é usado para criar links. O texto entre as tags de âncora de abertura e fechamento é a descrição do link e o URL definido no atributo `href`, o endereço que o navegador acessará quando o link for clicado.

A tag de âncora evoluiu ao longo do tempo, e hoje tem quatro estados:

» `link`: Um link em que um usuário não clicou ou visitou.

» `visited`: Um link em que um usuário clicou ou visitou.

» `hover`: Um link em que o usuário colocou o cursor do mouse em cima sem clicar.

» `active`: Um link em que o usuário clicou, mas ainda não soltou o botão do mouse.

O CSS aplica estilos a cada um desses quatro estados, na maioria das vezes, com as propriedades e os valores mostrados na Tabela 6-2.

TABELA 6-2 **Propriedades e Valores Comuns do CSS para Estilos de Links**

Nome da Propriedade	Valores Possíveis	Descrição

`color`	`name`
	`hex code`
	`rgb value`
		Cor do link especificada com nomes (`color: blue;`), código hexadecimal (`color: #0000FF;`), ou valor RGB (`color: rgb(0,0,255);`).

text-decoration	`none` `underline`	Define presença ou ausência de sublinhado no link.

O exemplo a seguir formata links de uma maneira parecida com os artigos da Wikipédia, em que os links aparecem azuis por padrão, sublinhados quando você passa o mouse e laranja quando ativos. Como mostrado na Figura 6-6, o primeiro link, para o Chief Technology Officer dos Estados Unidos aparece sublinhado, como se seu mouse estivesse sobre ele. Além disso, o link para o Google aparece laranja, como se fosse ativo e seu mouse estivesse clicando nele.

```
a:link{
    color: rgb(6,69,173);
    text-decoration: none;
}
a:visited {
    color: rgb(11,0,128);
}
a:hover {
    text-decoration: underline;
}
a:active {
    color: rgb(250,167,0);
}
```

LEMBRE-SE

Lembre-se de incluir dois-pontos entre o seletor `a` e o estado do link.

PAPO DE ESPECIALISTA

Embora explicar o porquê esteja fora do escopo deste livro, as especificações de CSS requerem que você defina os vários estados de link na ordem mostrada aqui — link, visitado, suspenso e ativo. No entanto, é aceitável não definir um estado de link, desde que essa ordem seja preservada.

Os vários estados de links são conhecidos como *seletores de pseudoclasses*. Seletores de pseudoclasses adicionam uma palavra-chave aos seletores CSS e lhe permitem formatar um estado especial do elemento selecionado.

FIGURA 6-6:
Página da Wikipedia.org mostrando os estados: link, visitado, suspenso e ativo.

Adicionando imagens de segundo plano e formatando as do primeiro

Você pode usar o CSS para adicionar imagens de fundo por trás dos elementos HTML. Mais comumente, a propriedade `background-image` é usada para acrescentar imagens de segundo plano a elementos HTML individuais, como `div`, `table` e `p`, ou (quando aplicada ao elemento `body`) a páginas inteiras.

DICA

Imagens de segundo plano com tamanhos menores de arquivos são carregadas mais rapidamente do que as maiores. Isso é especialmente importante se seus visitantes costumam navegar em seu site com um smartphone, que geralmente possui uma conexão de dados mais lenta.

As propriedades e os valores da Tabela 6-3 mostram as opções para adicionar imagens de segundo plano.

Definindo a imagem de segundo plano

Como mostrado no exemplo a seguir, a propriedade `background-image` define a imagem de fundo para a página inteira ou um elemento específico.

```
body {
    background-image:
    url("http://upload.wikimedia.org/wikipedia/commons/e/e5/Chrysler_
    Building_Midtown_Manhattan_New_York_City_1932.jpg ");
}
```

92   PARTE 2 **Construindo Páginas Silenciosas e Interativas**

TABELA 6-3 Propriedades e Valores de CSS para Imagens de Fundo

Nome da Propriedade	Valores Possíveis	Descrição
background-image	url("URL")	Adiciona uma imagem de fundo a partir do link de imagem especificado no URL.
background-size	auto contain cover width height (#px, %)	Define o tamanho do fundo conforme o valor: auto (valor padrão) mostra a imagem no tamanho original. contain dimensiona a largura e altura da imagem para que se enquadre no interior do elemento. cover dimensiona a imagem para que o fundo do elemento não seja visível. O tamanho do fundo também pode ser definido especificando largura e altura em pixels ou como porcentagem.
background-position	keywords position (#px, %)	Posiciona o plano de fundo do elemento usando palavras-chave ou uma posição exata. Keywords são constituídas por palavras-chave horizontais (left, right, center) e verticais (top, center e bottom). O posicionamento do plano de fundo também pode ser definido com pixels ou uma porcentagem que descreve a posição horizontal e vertical em relação ao elemento.
background-repeat	repeat repeat-x repeat-y no-repeat	Define a imagem de fundo para tile, ou repete, como se segue: horizontal (repeat-x) vertical (repeat-y) horizontal e vertical (repeat) não repetir nada (no-repeat).
background-attachment	scroll fixed	Define o plano de fundo para rolar com outro conteúdo (scroll) ou permanecer estático (fixed).

DICA

Você encontra imagens de fundo em sites como images.google.com, www.flickr.com ou publicdomainarchive.com [conteúdo em inglês].

CUIDADO

Verifique as informações de direitos autorais da imagem para saber se você tem permissão para usá-la e cumpra com seus termos de licenciamento, que podem incluir atribuição ou identificação do autor. Além disso, vincular imagens diretamente de outros servidores é chamado de *hotlinking*. É preferível baixar a imagem, hospedar e fazer o link de seu próprio servidor.

CAPÍTULO 6 **Formatando com CSS** 93

DICA

Se preferir um fundo de uma única cor em vez de uma imagem, use a propriedade `background-color`. Ela é definida da mesma forma que a `background-image`. Basta ajustá-la com o nome da cor, valor RGB ou código hexadecimal, como descrevi anteriormente neste capítulo, na seção "Definindo a cor".

Definindo o tamanho da imagem de segundo plano

Ao especificar as dimensões exatas com pixels ou porcentagens, a propriedade `background-size` dimensiona imagens de fundo para se reduzirem ou ampliarem, conforme a necessidade. Além disso, essa propriedade tem três dimensões, comumente usadas em páginas da seguinte forma (veja a Figura 6-7):

» **auto:** Esse valor mantém as dimensões originais de uma imagem.

» **cover:** Esse valor dimensiona uma imagem para que todas as medidas sejam maiores ou iguais ao tamanho do contêiner ou elemento HTML.

» **contain:** Esse valor dimensiona uma imagem para que todas as medidas sejam menores ou iguais ao tamanho do contêiner ou elemento HTML.

FIGURA 6-7: Configurando o tamanho do fundo para três valores diferentes.

Definindo a posição da imagem de segundo plano

O `background-position` define a posição inicial da imagem de fundo. A posição inicial padrão é o canto superior esquerdo da página ou elemento específico. Você altera a posição padrão especificando um par de palavras-chave ou valor de posição, como se segue:

» **Palavras-chave:** A primeira palavra-chave (`left`, `center` ou `right`) representa a posição horizontal e a segunda (`top`, `center` ou `bottom`), a vertical.

» **Posicionamento:** O primeiro valor de posição representa a horizontal, e o segundo, a vertical. Cada valor é definido com pixels ou porcentagens, representando a distância da parte superior esquerda do navegador ou elemento especificado. Por exemplo: `background-position: center center` é igual a `background-position: 50% 50%`. (Veja a Figura 6-8.)

94 PARTE 2 **Construindo Páginas Silenciosas e Interativas**

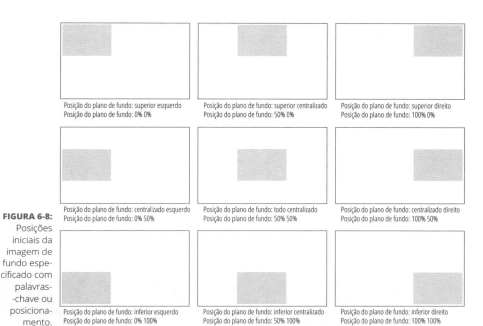

FIGURA 6-8: Posições iniciais da imagem de fundo especificado com palavras-chave ou posicionamento.

Definindo a repetição do segundo plano

A propriedade `background-repeat` define a direção do segundo plano como a seguir:

» **repeat:** Esse valor (o padrão) repete a imagem de fundo tanto horizontal quanto verticalmente.

» **repeat-x:** Repete a imagem apenas horizontalmente.

» **repeat-y:** Repete apenas verticalmente.

» **no-repeat:** Impede que o segundo plano se repita.

Definindo o fundo anexado

A propriedade `background-attachment` define se a imagem de fundo se movimentará (ou não) quando o usuário rola o conteúdo da página. Ela pode ser configurada para:

» **scroll:** A imagem de fundo se move quando o usuário rola a página.

» **fixed:** A imagem não se move.

CAPÍTULO 6 **Formatando com CSS** 95

O segmento de código a seguir usa várias das propriedades discutidas anteriormente para adicionar uma imagem de segundo plano que se estende por toda a página, está alinhada no centro, não se repete e não se move ao rolar a página. (Veja a Figura 6-9.)

```
body {
    background-image: url("http://upload.wikimedia.org/wikipedia/commons/
        thumb/a/a0/USMC-090807-M-8097K-022.jpg/640px-USMC-090807-M-
        8097K-022.jpg");
    background-size: cover;
    background-position: center center;
    background-repeat: no-repeat;
    background-attachment: fixed;
}
```

FIGURA 6-9: Uma imagem definida como fundo de página inteira.

Formate-me Bem

As regras de CSS discutidas neste capítulo lhe dão uma amostra de algumas propriedades e valores de estilo comuns. Embora você provavelmente não se lembre de cada propriedade e valor, com a prática, seus nomes se tornarão familiares. Após entender a sintaxe básica, o passo seguinte é realmente incorporar o CSS à sua página e tentar aplicar sozinho o estilo a seus elementos HTML.

Adicione CSS a seu HTML

Há três maneiras de aplicar o CSS a um site para formatar elementos HTML:

» **CSS interno:** O CSS pode ser especificado dentro de um arquivo HTML na mesma linha que o elemento HTML que formata. Esse método exige colocar o atributo `style` dentro de uma tag de abertura HTML. Geralmente, o CSS interno é a maneira menos preferida de se formatar um site porque as regras de estilo são frequentemente repetidas. Aqui está um exemplo de CSS interno:

```
<!DOCTYPE html>
<html>
<head>
  <title>Registrar IPOs</title>
</head>
<body>
  <h1 style="color: red;">É esperado que o IPO do Alibaba seja o
    maior de todos os tempos</h1>
</body>
</html>
```

» **CSS externo:** Com essa abordagem, o CSS aparece dentro do arquivo HTML, mas separado das tags HTML que modifica. O código CSS aparece no arquivo HTML entre tags `<style>` de abertura e fechamento, que se localiza entre tags `<head>` de abertura e fechamento. O CSS externo é comumente usado ao aplicar estilo a uma única página HTML diferente do restante de seu site.

Neste exemplo, o CSS externo formata o título em vermelho, assim como o CSS interno, no exemplo anterior.

```
<!DOCTYPE html>
<html>
<head>
 <title>Registrar IPOs</title>
 <style type="text/css">
   h1 {
       color: red;
   }
 </style>
</head>
<body>
  <h1>É esperado que o IPO do Alibaba seja o maior de todos os
    tempos</h1>
</body>
</html>
```

» **Arquivos de estilo separados:** O CSS pode ser especificado em *arquivos de estilo* separados. Essa é a abordagem preferida para armazenar seu CSS porque facilita a manutenção de arquivos HTML e lhe permite fazer mudanças rapidamente. No arquivo HTML, a tag `<link>` é usada para se referir ao arquivo separado, e tem três atributos:

- `href`: Especifica o nome do arquivo CSS.
- `rel`: Deve ser definido igual à `"stylesheet"`.
- `type`: Deve ser definido igual à `"text/css"`.

PAPO DE ESPECIALISTA

Com três maneiras diferentes de formatar elementos HTML com CSS, as três podem ser usadas com estilos contraditórios. Por exemplo, digamos que seu CSS interno formate os elementos `h1` como vermelhos, enquanto o CSS externo os formata como azul, e arquivos de estilo separados, como verde. Para resolver esses conflitos, o CSS interno tem a prioridade mais alta e substitui quaisquer outras regras de CSS. Se nenhum CSS interno for especificado, o CSS externo tem a próxima maior prioridade e, finalmente, na ausência de CSS interno ou externo, o estilo em arquivos separados é usado. No exemplo, com a presença de todos os três estilos, o texto do elemento `h1` apareceria em vermelho porque o CSS interno tem a prioridade mais alta e substitui o estilo azul do CSS externo e o verde dos arquivos separados.

O exemplo a seguir usa arquivos de estilo separados para formatar o título em vermelho, como nos dois exemplos anteriores:

CSS: style.css

```
h1 {
    color: red;
}
```

HTML: index.html

```
<DOCTYPE html>
<html>
<head>
 <title>Registrar IPOs</title>
 <link href="style.css" text="text/css" rel="stylesheet">
</head>
<body>
    <h1>É esperado que o IPO do Alibaba seja o maior de todos os tempos</h1>
</body>
</html>
```

Construa sua primeira página

Pratique HTML online com o site da Codecademy. A Codecademy é um site gratuito criado em 2011 para permitir que todos aprendam a codificar direto no navegador, sem instalar ou baixar software algum. Treine o uso de todas essas tags (e algumas mais) que aprendeu neste capítulo seguindo estes passos:

1. **Abra seu navegador, vá para** `www.dummies.com/go/codingfd` **e clique no link da Codecademy.**

2. **Entre em sua conta da Codecademy.**

   Essa inscrição é discutida no Capítulo 3. Criar uma conta lhe permite salvar seu progresso conforme trabalha, mas é opcional.

3. **Navegue até Get Started with HTML e clique.**

4. **Informações cruciais são apresentadas na parte superior esquerda do site, e as instruções, na inferior esquerda.**

5. **Siga as instruções na janela de codificação principal. Conforme digita, é gerada uma visualização em tempo real do seu código.**

6. **Após completar as instruções, clique no botão Save and Submit Code.**

   Se seguiu as instruções corretamente, um ícone verde de completado aparecerá, e você irá para o exercício seguinte. Se houver algum erro em seu código, aparecerá um aviso com uma sugestão para repará-lo. Se você se deparar com algum problema ou falha que não consegue corrigir, use os fóruns ou envie um tuíte para @nikhilgabraham e inclua a hashtag `#codingFD`.

> **NESTE CAPÍTULO**
>
> » Formatando listas e tabelas
>
> » Aplicando estilo em páginas com seletores pai e filho
>
> » Nomeando partes de código com `id` e `class`
>
> » Usando o modelo de caixas para posicionar elementos HTML na página

Capítulo **7**

Próximos Passos com CSS

Design não é aparência e sentimentos. Design é ação.

— STEVE JOBS

Neste capítulo, você continua construindo com o CSS que aprendeu no anterior. Até então, viu as regras de CSS aplicadas a uma página inteira, mas agora serão mais específicas. Você aprenderá a aplicar estilo a vários outros elementos HTML, incluindo listas, tabelas e formulários, e a selecionar e aplicar estilo a partes específicas de uma página, como o primeiro parágrafo de um artigo ou a última linha de uma tabela. Por fim, aprenderá como desenvolvedores profissionais usam CSS e o modelo de caixas para controlar nos mínimos detalhes o posicionamento dos elementos na página. Entender o modelo de caixas não é necessário para construir nosso app, no Capítulo 10.

Antes de se aprofundar, lembre-se do quadro geral: o HTML coloca conteúdo na página e o CSS, estilo e posiciona o conteúdo. Em vez de tentar memorizar cada regra, use este capítulo para entender os fundamentos do CSS. Os seletores CSS têm propriedades e valores que modificam os elementos HTML. Não há maneira melhor para aprender do que fazer, então fique à vontade para avançar para as lições práticas da Codecademy no final do capítulo. Depois, use este capítulo como uma referência quando tiver dúvidas sobre elementos específicos a que estiver tentando aplicar estilo.

Formatando (Mais) Elementos em Sua Página

Nesta seção, você descobrirá formas comuns de aplicar estilo a listas e tabelas. No capítulo anterior, as propriedades e regras de CSS que aprendeu, como `color` e `font-family` se aplicam a qualquer elemento HTML que contenha texto. Por outro lado, uma parte do CSS mostrada aqui é usada somente para listas, tabelas e formulários.

Formatando listas

No Capítulo 5 você aprendeu a criar listas ordenadas, que começam com marcadores, como letras ou números, e não ordenadas, que começam com marcadores genéricos, ou bullets. Por padrão, itens em uma lista ordenada usam números (por exemplo, 1, 2, 3), enquanto em uma não ordenada, um círculo todo preto (●).

Esses padrões podem não ser adequados para todas as circunstâncias. Na verdade, as duas tarefas mais comuns ao formatar uma lista são:

» **Alterar o marcador usado para criar uma lista:** Para listas não ordenadas, como essa, você pode usar um círculo preenchido com cor, vazio ou um quadrado. Para listas ordenadas, números, algarismos romanos ou letras, minúsculos ou maiúsculos.

» **Especificar uma imagem para usar como bullet:** Você pode criar sua própria marca para listas ordenadas ou não ordenadas em vez de usar as opções padrão. Por exemplo, se criou uma lista não ordenada, marcada com bullets, para uma hamburgueria, em vez de usar um círculo de cor sólida, poderia usar ícones de hambúrguer.

Você pode realizar qualquer uma dessas tarefas usando as propriedades da Tabela 7-1, com um seletor `ol` ou `ul` para modificar o tipo de lista.

LEMBRE-SE

Os seletores CSS que usam propriedades e regras modificam elementos HTML com o mesmo nome. Por exemplo, a Figura 7-1 tem tags HTML `<ul>` referidas no CSS com o seletor `ul` e formatadas com as propriedades e regras na Tabela 7-1.

TABELA 7-1 Propriedades e Valores CSS Comuns para Formatar Listas

Nome da Propriedade	Valores Possíveis	Descrição
`list-style-type` (lista não ordenada)	`disc` `circle` `square` `none`	Define os marcadores usados para criar itens em uma lista não ordenada como círculo todo preto (●), vazio (o), quadrado (■) ou nenhum.
`list-style-type` (lista ordenada)	`decimal` `upper-roman` `lower-roman` `upper-alpha` `lower-alpha`	Define os marcadores usados para criar itens em uma lista ordenada como decimais (1, 2, 3), algarismos romanos em maiúsculas (I, II, III), em minúsculas (i, ii, iii), letras maiúsculas (A, B, C) ou minúsculas (a, b, c).
`list-style-image`	url("*URL*")	Quando o *URL* é substituído pelo link da imagem, define uma imagem como o marcador usado para criar um item da lista.

DICA

Muitas barras de navegação de texto de sites foram criadas com listas não ordenadas com os marcadores definidos para `none`. Você encontra um exemplo no curso de posicionamento de CSS da Codecademy, que começa com o Exercício 21.

As propriedades e os valores de CSS aplicam-se a seletores CSS e modificam elementos HTML. No exemplo a seguir, o CSS externo (entre as tags `<style>` de abertura e fechamento) e o interno (definido com o atributo `style` no HTML) são usados para:

» Alterar o marcador em uma lista não ordenada para um quadrado com `list-style-type`

» Alterar um marcador em uma lista ordenada para algarismos romanos em maiúsculo também com `list-style-type`

» Definir um marcador personalizado para um ícone usando `list-style-image`

CAPÍTULO 7 **Próximos Passos com CSS** 103

O código para isso é mostrado a seguir e na Figura 7-1. A Figura 7-2 mostra esse código renderizado em um navegador.

```html
<html>
<head>
<title>Figura 7-1: Listas</title>
<style>
ul {
    list-style-type: square;
}

ol {
    list-style-type: upper-roman;
}
li {
    font-size: 27px;
}

</style>
</head>
<body>

<h1>Empresas de transporte</h1>
<ul>
    <li>Hailo: reserve um carro por telefone</li>
    <li>Lyft: solicite um passeio peer to peer</li>
    <li style="list-style-image: url('car.png');">Uber: contrate um
    motorista</li>
</ul>

<h1>Empresas de alimentação</h1>
<ol>
    <li>Grubhub: peça comida para viagem online</li>
    <li style="list-style-image: url('burger.png');">Blue Apron: assine a
    entrega de refeições semanal</li>
    <li>Instacart: solicite alimentos para serem entregues no mesmo dia</li>
</ol>
</body>
</html>
```

```
1  <html>
2  <head>
3    <title>Figura 7-1: Listas</title>
4    <style>
5    ul {
6      list-style-type: square;
7    }
8    ol {
9      list-style-type: upper-roman;
10   }
11
12   li {
13     font-size: 27px;
14   }
15   </style>
16   </head>
17   <body>
18   <h1>Empresas de transporte</h1>
19   <ul>
20     <li>Hailo: reserve um carro por telefone</li>
21     <li>Lyft: solicite um passeio peer to perr</li>
22     <li style="list-style-image: url('car.png');">Uber: contrate um motorista</li>
23   </ul>
24   <h1>Empresas de alimentação</h1>
25   <ol>
26     <li>Grubhub: peça comida para viagem online</li>
27     <li style="list-style-image: url('burger.png');">Blue Apron: assine a entrega
          semanal de refeições </li>
28     <li>Instacart: solicite alimentos para serem entregués no mesmo dia</li>
29   </ol>
30   </body>
31   </html>
```

FIGURA 7-1: CSS externo e interno.

DICA

Se a imagem personalizada para seu marcador for maior que o texto, seu texto pode não se alinhar verticalmente ao marcador. Para corrigir isso, você pode aumentar o tamanho da fonte de cada item, com `font-size`, como mostrado no exemplo, aumentar a margem entre cada item, com `margin`, ou definir `list-style-type` para zero e configurar uma imagem de segundo plano no elemento `ul`, com `background-image`.

LEMBRE-SE

Há três maneiras de aplicar o CSS — no CSS interno, com o atributo `style`, no CSS externo, com a tag `<style>` de abertura e fechamento e em arquivos de estilo separados.

FIGURA 7-2: Listas ordenadas e não ordenadas modificadas para alterar o tipo de marcador.

CAPÍTULO 7 **Próximos Passos com CSS** 105

Desenhando tabelas

No Capítulo 5, você descobriu como criar tabelas básicas. Por padrão, a largura delas se expande para que seu conteúdo se ajuste, o conteúdo em células individuais é alinhado à esquerda e nenhuma borda é exibida.

Esses padrões podem não ser adequados a todas as circunstâncias. Atributos HTML obsoletos (não suportados) podem modificar esses padrões, mas, a qualquer momento, os navegadores param de reconhecê-los, e qualquer tabela criada com eles seria exibida incorretamente. Como alternativa mais segura, o CSS pode formatar tabelas com maior controle. Três tarefas comuns que o CSS realiza em relação às tabelas são:

» Definir a largura de uma tabela, linha ou célula individual com a propriedade `width`.

» Alinhar texto dentro da tabela com a propriedade `text-align`.

» Exibir bordas dentro da tabela com a propriedade `border`. (Veja a Tabela 7-2.)

TABELA 7-2 Propriedades e Valores Comuns de CSS para Formatar Tabelas

Nome da Propriedade	Valores Possíveis	Descrição
`width`	*pixels* (#px) %	Largura da tabela medida em pixels na tela, como porcentagem da janela do navegador ou da container tag.
`text-align`	left right center justify	Posição do texto em relação à tabela conforme o valor do atributo. Por exemplo, `text-align="center"` posiciona o texto no centro da célula da tabela.
`border`	width style color	Define três propriedades em uma — `border-width`, `border-style` e `border-color`. Os valores devem ser especificados nesta ordem: width (pixel), style (none, dotted, dashed, solid) e color (nome, código hexadecimal, valor RBG). Por exemplo, border: 1px solid red.

No exemplo a seguir, a tabela é maior que o texto em todas as células, o texto em cada célula, centralizado e a borda da tabela, aplicada às células de título:

```html
<html>
<head>
<title>Figura 7-2: Tabelas</title>
<style>
  table {
    width: 700px;
  }

  table, td {
    text-align: center;
    border: 1px solid black;
    border-collapse: collapse;
  }

</style>
</head>
<body>
 <SPiTable>
   <caption>Ações de navegadores desktop (Agosto de 2014)</caption>
   <tr>
     <th>Fonte</th>
     <th>Chrome</th>
     <th>IE</th>
     <th>Firefox</th>
     <th>Safari</th>
     <th>Outros</th>
   </tr>
   <tr>
     <td>StatCounter</td>
     <td>50%</td>
     <td>22%</td>
     <td>19%</td>
     <td>5%</td>
     <td>4%</td>
   </tr>
   <tr>
     <td>W3Counter</td>
     <td>38%</td>
     <td>21%</td>
     <td>16%</td>
     <td>16%</td>
     <td>9%</td>
   </tr>
 </table>
</body>
</html>
```

DICA

A tag HTML <caption> e a propriedade de CSS border-collapse também aplicam estilo à tabela a seguir. A tag <caption> acrescenta um título à tabela. Embora você possa criar um efeito semelhante com a tag <h1>, <caption> associa o título à tabela. A propriedade de CSS border-collapse pode ter valor separate ou collapse. O valor separate processa cada borda separadamente (veja a Figura 5-9), enquanto collapse desenha uma única borda, quando possível (veja a Figura 7-3).

FIGURA 7-3:
Tabela com largura, alinhamento de texto e borda modificados com CSS.

Fonte	Chrome	IE	Firefox	Safari	Outros
StatCounter	50%	22%	19%	5%	4%
W3Counter	38%	21%	16%	16%	9%

Ações de navegadores desktop (Agosto de 2014)

Selecionando Elementos para Aplicar Estilo

Até agora, o CSS que viu aplica estilo a todo elemento HTML correspondente ao seletor CSS. Por exemplo, na Figura 7-3, os seletores table e td têm uma propriedade text-align, que centraliza o texto em cada célula da tabela. Dependendo do conteúdo, você pode querer centralizar apenas o texto na linha do título, mas à esquerda nas outras. Duas maneiras de fazer isso são:

» Formatar elementos HTML específicos com base no posicionamento de outros elementos.

» Nomear elementos HTML e aplicar estilo somente a esses elementos.

Aplicando estilo a elementos específicos

Ao aplicar estilo a elementos específicos, visualizar o código HTML como uma árvore genealógica, com pais, filhos e irmãos, ajuda. No código exemplificado a seguir (também mostrado na Figura 7-4), a árvore começa com o elemento html, que tem dois filhos, head e body. O head tem um elemento filho chamado title. E o body tem os elementos h1, ul e p como filhos. Por fim, o elemento ul tem o elemento li como filho, e o elemento p, o elemento a como filho. A Figura 7-5 mostra como o código seguinte aparece no navegador,

108 PARTE 2 **Construindo Páginas Silenciosas e Interativas**

e a Figura 7-6, uma descrição do código a seguir, usado na árvore genealógica. Observe que a Figura 7-6 mostra essas relações. Por exemplo, no código a seguir, há um elemento a dentro de cada elemento li da árvore, e a Figura 7-6 mostra essas relações ul li a.

```html
<html>
<head>
    <title>Figura 7-3: DOM</title>
</head>
<body>

<h1>Paródia de Contas do Twitter sobre Tecnologia</h1>
<ul>
    <li>
        <a href="http://twitter.com/BoredElonMusk">Bored Elon Musk</a>
    </li>
    <li>
        <a href="http://twitter.com/VinodColeslaw">Vinod Coleslaw</a>
    </li>
    <li>
        <a href="http://twitter.com/Horse_ebooks">horse ebooks</a>
    </li>
</ul>
<h1>Paródias de Outras Contas do Twitter</h1>
<p><a href="http://twitter.com/SeinfeldToday">Modern Seinfeld</a></p>
<p><a href="http://twitter.com/Lord_Voldemort7">Lord_Voldemort7</a></p>

</body>
</html>
```

FIGURA 7-4: Aplicando estilo à uma árvore genealógica de elementos.

CAPÍTULO 7 **Próximos Passos com CSS** 109

FIGURA 7-5:
Paródia de contas do Twitter (visualização no navegador).

DICA

PAPO DE ESPECIALISTA

Bored Elon Musk é uma sátira de Elon Musk, fundador do PayPal, Tesla e SpaceX. Vinod Coleslaw, de Vinod Khosla, cofundador e capitalista de risco da Sun Microsystems. Horse ebooks é um programa que coleta e-mails para enviar spam, que se tornou um fenômeno da internet.

A árvore HTML é chamada de *DOM* ou *modelo de objeto de documentos*.

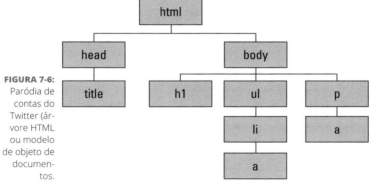

FIGURA 7-6:
Paródia de contas do Twitter (árvore HTML ou modelo de objeto de documentos.

Seletor filho

As tags de âncora das outras contas do Twitter parodiadas são filhas das tags de parágrafos. Se quiser aplicar estilo apenas às outras contas, pode usar um *seletor filho*, que seleciona os filhos de um elemento especificado. Um seletor filho é criado primeiro listando o seletor pai, depois um sinal maior (>) e, finalmente, o seletor filho.

No exemplo a seguir, as tags de âncora filhas das tags de parágrafo estão selecionadas, e esses hyperlinks estão formatados com uma fonte de cor vermelha e não sublinhados. As paródias de contas do Twitter sobre tecnologia não estão formatadas porque são filhas da tag de item de lista. (Veja a Figura 7-7.)

```
p > a {
    color: red;
    text-decoration: none;
}
```

FIGURA 7-7: Seletor filho usado para formatar as paródias de outras contas no Twitter.

LEMBRE-SE

Se usasse apenas o seletor a aqui, todos os links na página seriam formatados em vez de apenas selecionados.

Seletor descendente

As tags de âncora das contas do Twitter sobre tecnologia satirizadas são descendentes, ou estão localizadas, na lista não ordenada. Se quisesse aplicar estilo apenas às contas de paródia, poderia usar o *seletor descendente*, que seleciona não apenas filhos de um elemento especificado mas todos os elementos aninhados dentro daquele específico. Um seletor descendente é criado primeiro listando o seletor pai, um espaço e por fim o seletor descendente que deseja marcar.

No exemplo a seguir, mostrado na Figura 7-8, as tags de âncora que são descendentes da lista não ordenada estão selecionadas, e aqueles hyperlinks são formatados com uma fonte azul e sublinhados. As contas do Twitter não estão formatadas porque não são descendentes de uma lista não ordenada.

```
ul a {
    color: blue;
    text-decoration: line-through;
}
```

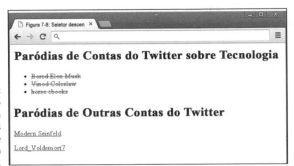

FIGURA 7-8:
Seletor filho usado para formatar as contas de tecnologia satirizadas.

DICA

Interessado em formatar apenas a primeira tag de âncora dentro de uma lista, como a conta do Twitter de Modern Seinfeld, ou o segundo item de uma lista, como a conta de Vinod Coleslaw? Vá para w3schools.com e leia mais sobre os seletores first-child (www.w3schools.com/cssref/sel_firstchild.asp) e nth-child (www.w3schools.com/cssref/sel_nth-child.asp) [conteúdos em inglês].

Nomeando elementos HTML

A outra forma de aplicar estilo a elementos HTML específicos no CSS é nomeando-os. Você nomeia seu código usando os atributos id ou class, e então o formata referenciando-o aos seletores id ou class.

Nomeando seu código com o atributo id

Use o atributo id para formatar um elemento específico em sua página. O atributo id pode nomear qualquer elemento HTML, e é sempre colocado na tag de abertura. Além disso, cada elemento pode ter apenas um valor de atributo id, e o valor de atributo deve aparecer apenas uma vez dentro do arquivo HTML. Depois de definir o atributo no arquivo HTML, você referencia o elemento HTML em seu CSS escrevendo uma hashtag (#) seguida do valor do atributo. Com o atributo id, o código a seguir formata o link para o Twitter de Modern Seinfeld com a cor vermelha e o fundo amarelo:

HTML:

```
<p><a href="http://twitter.com/SeinfeldToday" id="jerry">Modern Seinfeld</a></p>
```

CSS:

```
#jerry {
    color: red;
    background-color: yellow;
}
```

Nomeando seu código com o atributo `class`

Use o atributo `class` para aplicar efeito a múltiplos elementos em sua página. O atributo `class` pode nomear qualquer elemento HTML, e é sempre colocado em uma tag de abertura. O valor do atributo não precisa ser exclusivo no arquivo HTML. Depois de definir o atributo no arquivo HTML, você refere o elemento HTML escrevendo um ponto (.) seguido pelo valor do atributo. Usando o atributo `class`, o código a seguir formata todos os links das contas sobre tecnologia satirizadas no Twitter em vermelho e sem sublinhado:

HTML:

```
<ul>
    <li>
        <a href="http://twitter.com/BoredElonMusk" class="tech">Bored Elon Musk</a>
    </li>
    <li>
        <a href="http://twitter.com/VinodColeslaw" class="tech">Vinod Coleslaw</a>
    </li>
    <li>
        <a href="http://twitter.com/Horse_ebooks" class="tech">Horse ebooks</a>
    </li>
</ul>
```

CSS:

```
.tech {
    color: red;
    text-decoration: none;
}
```

DICA

Use proativamente um mecanismo de busca, como o Google, para pesquisar efeitos de CSS adicionais. Por exemplo, se desejar ampliar o espaço entre cada item da lista, abra seu navegador e procure *espaço entre itens de lista CSS*. Os links que aparecerão entre os dez principais resultados provavelmente incluirão:

» `www.w3schools.com`: Um site de tutorial para iniciantes.

» `www.stackoverflow.com`: Um espaço de discussão para desenvolvedores experientes.

» `www.mozilla.org`: Um guia de referência inicialmente criado pela fundação que mantém o navegador Firefox, e agora é mantido por uma comunidade de desenvolvedores.

Cada um desses sites é um bom ponto para começar, e você deve procurar respostas que contenham códigos de exemplo.

Alinhando e Organizando Seus Elementos

O CSS não só permite o controle sobre a formatação dos elementos HTML, como também sobre sua disposição na página, o que é conhecido como layout de página. Antigamente, os desenvolvedores usavam tabelas HTML para criar layouts de páginas. Os layouts de páginas de tabelas HTML são tediosos de se criar, e requerem que os desenvolvedores escrevam uma grande quantidade de código para garantir consistência em todos os navegadores. O CSS eliminou a necessidade de usar tabelas para criar layouts, reduziu o inchaço de códigos e ampliou o controle sobre os layouts de páginas.

Organizando dados na página

Antes de mergulhar em qualquer código, vamos revisar, na Figura 7-9, algumas das formas básicas de estruturar páginas e conteúdo nelas. Os layouts evoluíram ao longo do tempo, com alguns layouts funcionando bem em desktops, mas não sendo bem exibidos em tablets ou outros dispositivos móveis.

FIGURA 7-9: Layouts de navegação vertical e horizontal.

DICA

Sempre se pergunte como pretende que seu layout apareça no desktop, tablet ou outros dispositivos móveis.

Existem centenas de layouts diferentes, e alguns selecionados aparecem aqui justamente como sites de exemplo:

DICA

As barras de ferramentas de navegação esquerda e direita geralmente não são vistas em dispositivos móveis. As barras de ferramentas de navegação superiores são usadas tanto em desktops quanto em dispositivos móveis. As barras de ferramentas de navegação inferiores são mais comuns em dispositivos móveis.

Os exemplos na Figura 7-10 mostram sites reais com esses layouts:

FIGURA 7-10: Uso das barras de ferramentas de navegação esquerda e direita no w3schools.com (à esquerda) e no hunterwalk.com (à direita).

A navegação vertical auxilia o leitor a entender quando existe hierarquia ou relação entre tópicos de navegação. No exemplo do w3schools.com, HTML, JavaScript, Server Side e XML se relacionam entre si, e, embaixo de cada título de tópico, há subtópicos relacionados.

A navegação horizontal ou com menu, mostrada na Figura 7-11, ajuda a navegação dos leitores com relações frágeis ou díspares entre os tópicos de navegação. No exemplo do eBay, os itens dos menus Motors, Fashion e Electronics têm diferentes produtos e atraem públicos distintos.

FIGURA 7-11: Uso das barras de ferramentas de navegação superior e inferior no ebay.com (à esquerda) e no moma.org (à direita).

CAPÍTULO 7 **Próximos Passos com CSS** 115

DICA

Não perca muito tempo se preocupando com a escolha do layout. Você sempre pode selecionar um, reparar se seus visitantes navegam pelo site de forma rápida e fácil, e então alterá-lo, se necessário.

Modelando a div

Os layouts de página anteriores são coleções de elementos agrupados. Esses elementos se agrupam usando contêineres retangulares criados com a tag `<div>` de abertura e fechamento. Por si só, a tag `<div>` não renderiza nada na tela, mas serve como um contêiner para conteúdos de qualquer tipo, como títulos, listas, tabelas ou imagens HTML. Para ver a tag `<div>` em ação, observe a página inicial da Codecademy.com, na Figura 7-12.

Observe como a página pode ser dividida em três partes — o título de navegação, o depoimento em vídeo no meio e os depoimentos adicionais em texto dos usuários. As tags `<div>` são usadas para esboçar essas áreas principais de conteúdo, e as tags `<div>` aninhadas adicionais são usadas em cada parte para agrupar conteúdo, como imagens e texto.

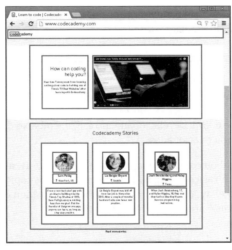

FIGURA 7-12: A página inicial da codeacademy.com com bordas visíveis pelas tags `<div>`.

No exemplo a seguir, mostrado na Figura 7-13, o código HTML é usado para criar dois contêineres usando tags `<div>`, o atributo `id` nomeia cada `div`, e o CSS define tamanho e cor do `div`:

HTML:

```
<div id="first"/></div>
<div id="second"/></div>
```

CSS:

```
div {
    height: 100px;
    width: 100px;
    border: 2px solid purple;
}

#first {
    background-color: red;
}

#second {
    background-color: blue;
}
```

FIGURA 7-13: Duas caixas criadas com a tag HTML `<div>` e formatadas com CSS.

Entendendo o modelo de caixas

Assim como criamos caixas com tags `<div>` anteriormente, o CSS cria caixas ao redor de cada elemento isolado na página, até mesmo texto. A Figura 7-14 mostra o modelo de caixas para uma imagem que diz: "Isto é um elemento." Essas caixas podem não ser sempre visíveis, mas são compostas de quatro partes:

» **content:** Uma tag HTML renderizada no navegador

» **padding:** Espaçamento opcional entre o conteúdo e a borda

» **border:** Marca a borda do preenchimento e varia em largura e visibilidade

» **margin:** Espaçamento transparente opcional ao redor da borda

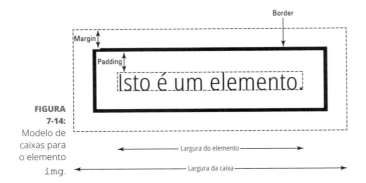

FIGURA 7-14: Modelo de caixas para o elemento `img`.

DICA

Com o Chrome, navegue até seu site de notícias favorito, clique com o botão direito do mouse sobre uma imagem e, no menu de contexto, escolha Inspecionar elemento. No lado direito da tela, você vê três guias; clique em Computação. O modelo de caixas será exibido para a imagem em que clicou, mostrando as dimensões do conteúdo e, em seguida, dimensões de padding, border e margin.

Padding, border e margin são propriedades CSS, e o valor é comumente expresso em pixels. No código a seguir, mostrado na Figura 7-15, padding e margins são adicionados para separar cada `div`.

```
div {
    height: 100px;
    width: 100px;
    border: 1px solid black;
    padding: 10px;
    margin: 10px;
}
```

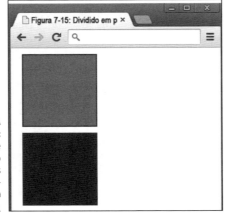

FIGURA 7-15: Padding e margin são adicionados para separar cada `div`.

Posicionando as caixas

Agora que você sabe como agrupar elementos usando HTML e como o CSS os entende, a cartada final é posicioná-los na página. Várias técnicas podem ser usadas para layouts de páginas, e uma visão abrangente de cada uma delas está fora dos propósitos deste livro. No entanto, uma técnica para criar os layouts, mostrada na Figura 7-16, é usar as propriedades `float` e `clear` (como descritas na Tabela 7-3).

TABELA 7-3 **Propriedades e Valores Selecionados de CSS para Layouts de Páginas**

Nome da Propriedade	Valores Possíveis	Descrição
float	left right none	Envia um elemento para a esquerda (`left`) ou direita (`right`) do contêiner em que está. O valor `none` especifica que o elemento não deve flutuar.
clear	left right both none	Especifica qual lado de um elemento não possui outros elementos flutuantes.

Se a largura de um elemento for especificada, a propriedade `float` permite que elementos que normalmente apareceriam em linhas separadas fiquem próximos uns aos outros, como barras de ferramentas de navegação e uma janela de conteúdo principal. A propriedade `clear` é usada para evitar que outros elementos flutuem em um ou ambos os lados do elemento atual, e a propriedade é comumente definida como `both` para posicionar rodapés de páginas embaixo dos outros elementos.

O exemplo de código a seguir usa tags `<div>`, `float` e `clear` para criar um layout de navegação esquerdo simples. (Veja a Figura 7-16.) Tipicamente, após agrupar seu conteúdo com tags `<div>`, você nomeia cada tag `<div>` usando atributos `class` ou `id`, então aplica estilo à `div` no CSS. Há muito código a seguir, então vamos dividi-lo em partes:

» O CSS é incorporado entre as tags `<style>` de abertura e fechamento, e o HTML, entre as tags `<body>` de abertura e fechamento.

» Entre as tags `<body>` de abertura e fechamento, usando tags `<div>`, a página é dividida em quatro partes, com título, barra de navegação, conteúdo e rodapé.

CAPÍTULO 7 **Próximos Passos com CSS** 119

» O menu de navegação é criado com uma lista não ordenada, que é alinhada à esquerda, sem marcador.

» O CSS formata tamanho, cor e alinha cada tag `<div>`.

» As propriedades de CSS `float` e `clear` são usadas para posicionar o layout de navegação esquerdo à esquerda e o rodapé abaixo dos outros elementos.

```
<!DOCTYPE html>
<html>
<head>
 <title>Figura 7-14: Layout</title>
 <style>
   #header{
     background-color: #FF8C8C;
     border: 1px solid black;
     padding: 5px;
     margin: 5px;
     text-align: center;
   }

   #navbar {
     background-color: #00E0FF;
     height: 200px;
     width: 100px;
     float: left;
     border: 1px solid black;
     padding: 5px;
     margin: 5px;
     text-align: left;
   }

   #content {
     background-color: #EEEEEE;
     height: 200px;
     width: 412px;
     float: left;
     border: 1px solid black;
     padding: 5px;
     margin: 5px;
     text-align: center;
   }
```

```
    #footer{
      background-color: #FFBD47;
      clear: both;
      text-align: center;
      border: 1px solid black;
      padding: 5px;
      margin: 5px;
    }
    ul {
      list-style-type: none;
      line-height: 25px;
      padding: 0px;
    }

 </style>
</head>
<body>
<div id="header"><h1>Restaurante Tapas do Nic</h1></div>
<div id="navbar">
 <ul>
    <li>Sobre nós</li>
    <li>Reservas</li>
    <li>Menus</li>
    <li>Galerias</li>
    <li>Eventos</li>
    <li>Bufê</li>
    <li>Imprensa</li>
 </ul>
</div>

<div id="content"><img src="food.jpg" alt="Tapas do Nik"></div>

<div id="footer">Copyright &copy; Tapas do Nic</div>
</body>
</html>
```

FIGURA 7-16: Layout de navegação esquerdo criado com tags <div>.

Escrevendo CSS Mais Avançado

Pratique CSS online com o site da Codecademy. A Codecademy é um site gratuito criado em 2011 para permitir que todos aprendam a codificar direto no navegador, sem instalar ou baixar software algum. Treine o uso de todas essas tags (e algumas mais) que aprendeu neste capítulo seguindo estes passos:

1. **Abra seu navegador, vá para** www.dummies.com/go/codingfd **e clique no link da Codecademy.**

2. **Entre em sua conta da Codecademy.**

    Essa inscrição é discutida no Capítulo 3. Criar uma conta lhe permite salvar seu progresso conforme trabalha, mas é opcional.

3. **Navegue e clique em CSS: An Overview, CSS Selectors e CSS Positioning para praticar aplicar estilo e posicionamento CSS.**

4. **Informações cruciais são apresentadas na parte superior esquerda do site, e as instruções, na inferior esquerda.**

5. **Siga as instruções na janela de codificação principal. Conforme digita, é gerada uma visualização em tempo real de seu código.**

6. **Após completar as instruções, clique no botão Save and Submit Code.**

    Se seguiu as instruções corretamente, um ícone verde de completado aparecerá, e você irá para o exercício seguinte. Se houver algum erro em seu código, aparecerá um aviso com uma sugestão para repará-lo. Se você se deparar com algum problema ou falha que não consegue corrigir, use os fóruns ou envie um tuíte para @nikhilgabraham e inclua a hashtag #codingFD.

> **NESTE CAPÍTULO**
>
> » Entendendo o que o Twitter Bootstrap faz
>
> » Vendo layouts criados com o Twitter Bootstrap
>
> » Criando elementos de página usando o Twitter Bootstrap

Capítulo 8

Trabalhando Mais Rápido com o Twitter Bootstrap

A velocidade, me parece, proporciona um prazer genuinamente moderno.

— ALDOUS HUXLEY

O Twitter Bootstrap é um conjunto de ferramentas gratuito que permite aos usuários criarem páginas rapidamente e com maior consistência. Em 2011, dois desenvolvedores do Twitter, Mark Otto e Jacob Thornton, o criaram para uso interno no Twitter, e logo depois foi lançado para o público em geral. Antes do Bootstrap, os desenvolvedores criariam recursos comuns repetidas vezes de formas ligeiramente diferentes, levando a um aumento de tempo gasto com manutenção. O Bootstrap se tornou uma das ferramentas mais populares usadas para criar sites, e é usado pela NASA e Newsweek em seus sites. Com um entendimento básico de HTML e CSS, você pode usar e personalizar o layout do Bootstrap e seus elementos para seus próprios projetos.

Neste capítulo, você descobre o que o Bootstrap faz e como usá-lo. Também descobre os variados layouts e elementos que pode rapidamente usar e facilmente criar ao utilizá-lo.

Descobrindo o que o Bootstrap Faz

Imagine que você é o desenvolvedor do layout online do *Washington Post*, responsável por codificar a primeira página do jornal impresso (veja a Figura 8-1) para uma versão digital. O jornal usa substancialmente os mesmos tamanhos e tipos de fonte para o título principal, legendas e créditos. Da mesma forma, há um conjunto de layouts para escolher, comumente com o título principal no topo da página, acompanhado de uma foto.

FIGURA 8-1: A primeira página do *Washington Post* (7 de junho de 2013).

A cada dia, você pode escrever seu código CSS do nada, definir tipos de fonte, tamanhos, layouts de parágrafos etc. Porém, considerando que o jornal segue um formato já estruturado, é mais fácil defini-lo previamente usando seu arquivo CSS com nomes de classe e, quando necessário, referir-se ao estilo que deseja pelo nome. Em essência, é assim que o Bootstrap funciona.

O Bootstrap é um conjunto de códigos HTML, CSS e JavaScript padronizados pré-escritos a que você pode fazer referência usando nomes de classes (para relembrar, veja o Capítulo 7) e então personalizá-los. O Bootstrap lhe permite criar, e também oferece:

» **Layouts:** Definem o conteúdo de sua página e os elementos em um padrão de grade.

» **Componentes:** Usam botões, menus e ícones existentes, já testados com centenas de milhões de usuários.

» **Responsividade:** Uma extravagância para seu site funcionar em dispositivos móveis, além de em desktops. Normalmente, você escreveria código adicional para que seu site aparecesse de maneira adequada nesses diferentes formatos de tela, mas o código do Bootstrap já está otimizado para fazê-lo por você, como mostrado na Figura 8-2.

» **Compatibilidade entre navegadores:** Chrome, Firefox, Safari, Internet Explorer e outros navegadores variam na forma como renderizam certos elementos HTML e propriedades CSS. O código do Bootstrap é otimizado para que sua página apareça de maneira consistente em qualquer navegador usado.

FIGURA 8-2: A página Angry Birds Star Wars otimizada para desktop e dispositivos móveis com o Bootstrap.

Instalando o Bootstrap

Instale e adicione o Bootstrap a seu arquivo HTML seguindo estes dois passos:

1. Inclua esta linha de código entre suas tags <head> de abertura e fechamento:

```
<link rel="stylesheet" href="http://maxcdn.bootstrapcdn.com/
    bootstrap/3.2.0/css/bootstrap.min.css">
```

DICA

A tag <link> se refere à versão 3.2.0 do arquivo de CSS do Bootstrap hospedado na internet, então você deve estar conectado à internet para que esse método funcione.

2. **Inclua estas linhas de códigos imediatamente após sua tag HTML </body> de fechamento.**

```
<!--jQuery (needed for Bootstrap's JavaScript plugins) -->
<script src="http://ajax.googleapis.com/ajax/libs/jquery/1.11.1/
    jquery.min.
            js"></script>
<!--Bootstrap Javascript plugin file -->
<script src="http://maxcdn.bootstrapcdn.com/bootstrap/3.2.0/js/
    bootstrap.
            min.js"></script>
```

A primeira tag <script> referencia uma biblioteca JavaScript chamada jQuery. O JavaScript é abordado no Capítulo 9. Embora o jQuery não seja tratado em detalhes neste livro, ele simplifica as tarefas executadas com JavaScript. A segunda tag <script> se refere aos plug-ins de JavaScript do Bootstrap, incluindo efeitos de animação, como menus suspensos. Se seu site não usar nenhum efeito animado ou plug-ins de JavaScript do Bootstrap, você não precisa incluir esse arquivo.

O Bootstrap é gratuito para finalidades pessoais e comerciais, mas exige a inclusão de licença e notificação de direitos autorais.

Se não tiver acesso confiável a uma conexão com a internet, você também pode baixar e hospedar localmente os arquivos CSS e JavaScript do Bootstrap. Para isso, após descompactar o arquivo do Bootstrap, use as tags <link> e <script> para vincular a versão local de seu arquivo. Visite www.getbootstrap.com/getting-started/ [conteúdo em inglês] para baixar os arquivos e acesse instruções adicionais e exemplos.

Entendendo as Opções de Layout

O Bootstrap lhe permite dispor rápida e facilmente conteúdo na página com um sistema de grade. Ao usá-lo, há três opções:

» **Codificar você mesmo:** Depois de aprender como o grid é organizado, você pode escrever código para criar qualquer layout que desejar.

» **Codificar com um editor do Bootstrap:** Em vez de escrever código em um editor de texto, arraste e solte componentes e elementos para gerar código Bootstrap. Então você pode baixar e usar esse código.

» **Codificar com um tema pré-construído:** Baixe gratuitamente temas do Bootstrap ou compre um tema onde criou o site, para que preencha com seu conteúdo.

Alinhando no sistema de grade

O Bootstrap divide a tela em um sistema de grade de 12 colunas de mesmo tamanho. Elas seguem algumas regras:

» **As colunas devem somar uma largura de 12 colunas.** Você pode usar uma coluna com a largura de 12 colunas, 12 colunas cada qual com a largura de uma coluna ou qualquer valor intermediário.

» **Colunas podem ter conteúdo ou espaços.** Por exemplo, você poderia ter uma coluna com a largura de quatro colunas, um espaço de outras quatro e outra coluna ocupando quatro colunas.

» **A menos que especifique o contrário, essas colunas serão automaticamente empilhadas em uma única coluna em navegadores ou telas com tamanhos menores, como dispositivos móveis, e se expandirão horizontalmente em tamanhos de navegadores ou telas maiores, como laptops e desktops.** Veja a Figura 8-3.

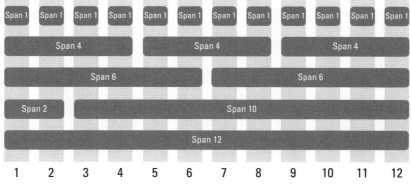

FIGURA 8-3: Exemplos de layouts de Bootstrap.

Agora que você tem uma ideia de como esse layouts aparecem na tela, vejamos um código de exemplo usado para gerá-los. Para criar qualquer layout, siga estas etapas:

1. Crie uma tag <div> com o atributo class="container".

2. **Dentro da primeira tag <div>, crie outra tag, aninhada, <div> com o atributo class="row".**

3. **Para cada linha que deseja criar, crie outra tag <div> com o atributo class="col-md-X". Defina X como o número de colunas que deseja que a linha cubra.**

   Por exemplo, para que uma linha cubra 4 colunas, escreva <div class= "col-md-4">. O md define a largura da coluna para desktops, e lhe mostro como defini-la para outros dispositivos posteriormente nesta seção.

CUIDADO

Você deve incluir <div class="container"> no começo de sua página e ter uma tag de fechamento </div>, ou sua página não será corretamente processada.

O código a seguir, mostrado na Figura 8-4, cria um layout centralizado simples de três colunas:

```
<div class="container">
<!-- Exemplo de linha de colunas -->
<div class="row">
  <div class="col-md-4">
    <h2>Título</h2>
    <p>Lorem ipsum dolor sit amet, consectetur adipisicing elit, sed do
        eiusmod tempor incididunt ut labore et dolore magna aliqua. Ut
        enim ad minim veniam, quis nostrud exercitation ullamco laboris
        nisi ut aliquip ex ea commodo consequat.
    </p>
  </div>
  <div class="col-md-4">
    <h2>Título</h2>
    <p>Lorem ipsum dolor sit amet, consectetur adipisicing elit, sed do
        eiusmod tempor incididunt ut labore et dolore magna aliqua. Ut
        enim ad minim veniam, quis nostrud exercitation ullamco laboris
        nisi ut aliquip ex ea commodo consequat.
    </p>
  </div>
  <div class="col-md-4">
    <h2>Título</h2>
    <p>Lorem ipsum dolor sit amet, consectetur adipisicing elit, sed do
        eiusmod tempor incididunt ut labore et dolore magna aliqua. Ut
        enim ad minim veniam, quis nostrud exercitation ullamco laboris
        nisi ut aliquip ex ea commodo consequat.
    </p>
  </div>
</div>
</div>
```

FIGURA 8-4:
Layout de três colunas no Bootstrap em versão para desktop (à esquerda) e dispositivos móveis (à direita).

Para ver outro exemplo, vá para o site da Codecademy e redimensione a janela do navegador. Você vai reparar que, ao reduzi-la, as colunas se empilham automaticamente para ficarem legíveis. Além disso, são prontamente centralizadas. Sem o Bootstrap, você precisaria de mais codificação para conseguir os mesmos efeitos.

PAPO DE ESPECIALISTA

O texto lorem ipsum, que você viu anteriormente, costuma ser usado para criar textos de preenchimento. Embora as palavras não signifiquem nada, a citação é originária de um texto latino de Cícero, do século I a.C. Você pode gerar textos de preenchimento ao criar seus sites usando www.lipsum.org ou www.socialgoodipsum.com [conteúdo em inglês].

Arrastando e soltando para um site

Após olhar o código anterior, você pode querer uma maneira mais fácil de gerá-lo sem ter que digitá-lo. Os editores do Bootstrap lhe permitem arrastar e soltar componentes para criar um layout, para que então gerem o código Bootstrap para seu uso.

Os editores do Bootstrap que você pode usar incluem os seguintes:

» **Layoutit.com:** Editor online e gratuito (mostrado na Figura 8-5) que lhe permite arrastar e soltar componentes e então baixá-los para o código fonte.

» **Jetstrap.com:** Editor online e pago para arrastar e soltar.

» **Pingendo.com:** Editor baixável e gratuito para arrastar e soltar.

» **Bootply.com:** Editor online e gratuito com templates internos modificáveis.

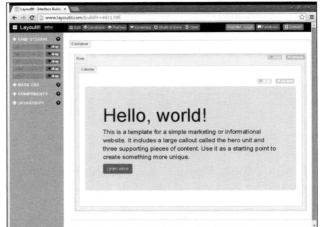

FIGURA 8-5:
Interface do layoutit.com com componentes de Bootstrap para arrastar e soltar.

DICA

Esses sites são gratuitos e podem sair do ar sem aviso-prévio. Você encontra opções adicionais pesquisando *editores Bootstrap* em qualquer mecanismo de busca.

Usando templates predefinidos

Há sites com temas de Bootstrap prontos para uso; tudo o que precisa fazer é adicionar o próprio conteúdo. Sem dúvida, você também pode modificar o tema, se desejar. Alguns desses sites [conteúdos em inglês] com temas Bootstrap são:

» `Blacktie.co`: Temas Bootstrap gratuitos (mostrados na Figura 8-6) criados por um designer.

» `Bootstrapzero.com`: Coleção de templates Bootstrap gratuitos e de fonte aberta.

» `Bootswatch.com` e `bootsnipp.com`: Incluem componentes Bootstrap pré-construídos que você pode reunir para seu próprio site.

» `Wrapbootstrap.com`: Templates Bootstrap disponíveis para compra.

DICA

Temas Bootstrap podem estar disponíveis gratuitamente, mas seguem termos de licenciamento. O autor pode requerer créditos, registro de e-mail ou um tuíte.

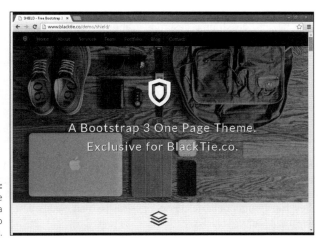

FIGURA 8-6:
Um template de página Bootstrap do blacktie.co.

Adaptando layout para dispositivos móveis, tablets e desktops

Em telas menores, o Bootstrap empilhará automaticamente as colunas que criar para seu site. Entretanto, você pode exercer mais controle do que apenas confiar no comportamento padrão de como essas colunas aparecem. É possível dividir os dispositivos em quatro tamanhos de tela — smartphones, tablets, desktops e desktops grandes. Como mostrado na Tabela 8-1, o Bootstrap usa uma classe diferente de prefixo para definir cada dispositivo.

TABELA 8-1 Código de Bootstrap para Vários Tamanhos de Tela

	Smartphones (<768px)	Tablets (≥768px)	Desktops (≥992px)	Desktops Grandes (≥1200px)
Prefixo de classe	col-sx-	col-sm-	col-md-	col-lg-
Largura máxima de contêiner	None (auto)	750px	970px	1170px
Largura máxima de coluna	Auto	~62px	~81px	~97px

CAPÍTULO 8 **Trabalhando Mais Rápido com o Twitter Bootstrap**   131

Com base na Tabela 8-1, se quiser que seu site tenha duas colunas de tamanho igual em tablets, desktops e desktops grandes você deveria usar o nome de classe `col-sm-`, como se segue:

```
<div class="container">
  <div class="row">
    <div class="col-sm-6">Coluna 1</div>
    <div class="col-sm-6">Coluna 2</div>
  </div>
</div>
```

Depois de visualizar seu código nos três dispositivos, você pode decidir que, em desktops, prefere colunas desiguais em vez de idênticas, de modo que a coluna esquerda seja metade do tamanho da direita. Você segmenta dispositivos desktop com o nome de classe `col-md-`, e o adiciona ao nome de classe imediatamente após `col-sm-`:

```
<div class="container">
  <div class="row">
    <div class="col-sm-6 col-md-4">Coluna 1</div>
    <div class="col-sm-6 col-md-8">Coluna 2</div>
  </div>
</div>
```

DICA

Alguns elementos, como a tag `<div>`, anteriormente, têm classes múltiplas. Isso lhe permite adicionar inúmeros efeitos, como mudar a maneira como uma coluna é exibida, aos elementos. Para definir classes múltiplas, use o atributo `class` e o defina igual a cada classe; separe-as com espaços. Para um exemplo, consulte o código anterior: o terceiro elemento `<div>` tem duas classes, `col-sm-6` e `col-md-4`.

Por fim, você decide que nas telas de desktops grandes deseja que a coluna esquerda seja da largura de duas colunas. Segmenta telas de desktops grandes usando o nome de classe `col-lg-`, como mostrado na Figura 8-7, e adiciona a seus valores de atributos de classe existentes:

```
<div class="container">
  <div class="row">
    <div class="col-sm-6 col-md-4 col-lg-2">Coluna 1</div>
    <div class="col-sm-6 col-md-8 col-lg-10">Coluna 2</div>
  </div>
</div>
```

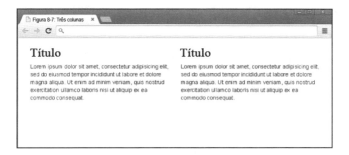

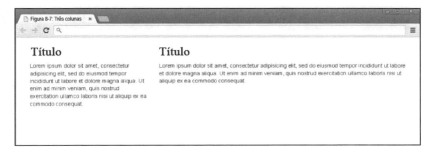

FIGURA 8-7: Um site de duas colunas exibido em um tablet, desktop, e desktop grande.

Codificando Elementos Básicos de uma Página

Além dos layouts puros, o Bootstrap também pode criar componentes de páginas encontrados na maior parte dos sites. O pensamento aqui é o mesmo de quando se trabalha com layouts — em vez de reinventar a roda todas as vezes ao desenhar seus botões ou barras de ferramentas, é melhor usar o código pré--construído, que já foi testado em vários navegadores e dispositivos.

Os exemplos a seguir mostram como criar rapidamente componentes básicos da web.

Desenhando botões

Botões são elementos básicos em muitas páginas, mas usualmente podem ser difíceis de definir e formatar. Como mostrado na Tabela 8-2, os botões podem ter vários tipos e tamanhos.

TABELA 8-2   Código de Bootstrap para Criar Botões

Atributo	Prefixo de Classe	Descrição
Button type	`btn-default btn-primary btn-success btn-danger`	Botão padrão com efeito flutuante
		Botão azul com efeito flutuante
		Botão verde com efeito flutuante
		Botão vermelho com efeito flutuante
Button size	`btn-lg btn-default btn-sm`	Tamanho de botão grande
		Tamanho de botão padrão
		Tamanho de botão pequeno

Para criar um botão, escreva o seguinte HTML:

- » Comece com o elemento HTML `button`.
- » Na tag de abertura `<button>`, inclua `type="button"`.
- » Inclua o atributo `class`, com o valor de atributo de classe `btn`, e acrescente prefixos de classe adicionais baseados no efeito que deseja. Para aplicar estilos adicionais, continue acrescentando o nome do prefixo de classe no atributo de classe HTML.

Como mostrado na Figura 8-8, o código seguinte combina tipo e tamanho de botão:

```
<p>
   <button type="button" class="btn btn-primary btn-lg">Botão grande
        principal</button>
   <button type="button" class="btn btn-default btn-lg">Botão grande padrão</
        button>
</p>
<p>
   <button type="button" class="btn btn-success">Botão médio de sucesssão</
      button>
```

```
    <button type="button" class="btn btn-default">Botão médio padrão</button>
</p>
<p>
    <button type="button" class="btn btn-danger btn-sm">Botão pequeno de
        alerta</button>
    <button type="button" class="btn btn-default btn-sm">Botão pequeno padrão</
        button>
</p>
```

DICA

Para tipos, tamanhos adicionais e outras opções de botões, veja http://getbootstrap.com/css/#buttons [conteúdo em inglês].

FIGURA 8-8: Tipos e tamanhos de botões Bootstrap.

Navegando com barras de ferramentas

Páginas com várias páginas ou visualizações geralmente têm uma ou mais barras de ferramentas para ajudar os usuários a navegar. Algumas opções de barras de ferramentas são mostradas na Tabela 8-3.

TABELA 8-3 Código de Bootstrap para Criar Barras de Ferramentas de Navegação

Atributo	Prefixo de Classe	Descrição
Tipo de barra de ferramentas	nav-tabs	Barras de ferramentas de navegação com guias
	nav-pills	Pastilhas (pills) ou barras de ferramentas de navegação com botões sólidos

continua

CAPÍTULO 8 **Trabalhando Mais Rápido com o Twitter Bootstrap**   135

continuação

Atributo	Prefixo de Classe	Descrição
Tipo de botão da barra de ferramentas	`dropdown`	Botões marcadores ou abas como menus suspensos
	`caret dropdown-menu`	Ícone de menu suspenso com seta para baixo
		Itens de menu suspenso

Para criar Pastilhas (pills) ou barras de ferramentas de navegação com botões sólidos, escreva o seguinte HTML:

» Comece uma lista não ordenada usando o elemento `ul`.

» Na tag de abertura `<ul>`, inclua `class="nav nav-pills"`.

» Crie botões com a tag `<li>`. Inclua `class="active"` na tag de abertura `<li>` para designar qual aba na barra de ferramentas principal deverá aparecer com destaque visual quando o mouse repousar sobre o botão.

» Para criar um menu suspenso, aninhe uma lista não ordenada. Veja o código ao lado de "Mais" com classes de prefixos `"dropdown"`, `"caret"` e `"dropdown-menu"`. Você pode vincular outras páginas em seu menu suspenso com a tag `<a>`.

O código a seguir, mostrado na Figura 8-9, cria uma barra de ferramentas com o Bootstrap:

```
<ul class="nav nav-pills">
   <li class="active"><a href="timeline.html">Timeline</a></li>
   <li><a href="about.html">Sobre</a></li>
   <li><a href="photos.html">Fotos</a></li>
   <li><a href="friends.html">Amigos</a></li>
   <li class="dropdown">
      <a class="dropdown-toggle" data-toggle="dropdown" href="#">Mais
      <span class="caret"></span>
      </a>
        <ul class="dropdown-menu">
           <li><a href="places.html">Locais</a></li>
           <li><a href="sports.html">Esportes</a></li>
           <li><a href="music.html">Músicas</a></li>
        </ul>
   </li>
</ul>
```

FIGURA 8-9: Barra de ferramentas do Bootstrap com menus suspensos.

DICA

A classe `dropdown-toggle`, o atributo `data-toggle="dropdown"` e o valor trabalham juntos para adicionar menus suspensos a elementos como links. Para opções adicionais de barras de ferramentas, veja http://getbootstrap.com/components/#nav [conteúdo em inglês].

Adicionando ícones

Os ícones são frequentemente usados com botões para ajudar a transmitir algum tipo de ação. Por exemplo, seu programa de e-mail provavelmente usa um botão com ícone de lixeira para apagar e-mails. Os ícones comunicam rapidamente uma ação sugerida aos usuários sem necessidade de muita explicação.

PAPO DE ESPECIALISTA

Esses ícones são chamados de *glifos*, e www.glyphicons.com [conteúdo em inglês] oferece os glifos usados no Bootstrap.

O Bootstrap suporta mais de 200 glifos, que você pode acrescentar a botões ou barras de ferramentas usando a tag `<span>`. Como mostrado na Figura 8-10, o código exemplificado a seguir cria três botões com glifos de estrela, clipe e lixeira.

```
<button type="button" class="btn btn-default">Favoritos
  <span class="glyphicon glyphicon-star"></star>
</button>
<button type="button" class="btn btn-default">Anexar
  <span class="glyphicon glyphicon-paperclip"></star>
</button>
<button type="button" class="btn btn-default">Lixeira
  <span class="glyphicon glyphicon-trash"></star>
</button>
```

CAPÍTULO 8 **Trabalhando Mais Rápido com o Twitter Bootstrap**   137

FIGURA 8-10:
Botões de Bootstrap com ícones.

> Para os nomes de todos os glifos do Bootstrap, veja www.getbootstrap.com/components/#glyphicons [conteúdo em inglês].
>
> **DICA**

Construindo a Página Inicial do Airbnb

Pratique Bootstrap online com o site da Codecademy. A Codecademy é um site gratuito criado em 2011 para permitir que todos aprendam a codificar direto no navegador, sem instalar ou baixar software algum. Treine o uso de todas essas tags (e algumas mais) que aprendeu neste capítulo seguindo estes passos:

1. **Abra seu navegador, vá para** www.dummies.com/go/codingfd **e clique no link da Codecademy.**

2. **Entre em sua conta da Codecademy.**

   Essa inscrição é discutida no Capítulo 3. Criar uma conta lhe permite salvar seu progresso conforme trabalha, mas é opcional.

3. **Navegue até Make a Website e clique para praticar o Bootstrap.**

4. **Informações cruciais são apresentadas na parte superior esquerda do site, e as instruções, na inferior esquerda.**

5. **Siga as instruções na janela de codificação principal. Conforme digita, é gerada uma visualização em tempo real de seu código.**

6. **Após completar as instruções, clique no botão Save and Submit Code.**

   Se seguiu as instruções corretamente, um ícone verde de completado aparecerá, e você irá para o exercício seguinte. Se houver algum erro em seu código, aparecerá um aviso com uma sugestão para repará-lo. Se você se deparar com algum problema ou falha que não consegue corrigir, use os fóruns ou envie um tuíte para @nikhilgabraham e inclua a hashtag #codingFD.

> **NESTE CAPÍTULO**
>
> » Entendendo os fundamentos e a estrutura do JavaScript
>
> » Codificando com variáveis, sentenças condicionais e funções
>
> » Aprendendo os fundamentos e a estrutura da API
>
> » Vendo solicitações e respostas da API

Capítulo **9**

Incluindo JavaScript

O melhor professor é muito interativo.

— BILL GATES

O JavaScript, uma das linguagens de programação mais populares e versáteis na internet, adiciona interatividade aos sites. Você provavelmente o viu em ação e nem percebeu, talvez ao clicar botões que mudam de cor, ver galerias de imagens com visualizações em miniatura ou analisar gráficos que exibem dados personalizados com base em suas inserções. Esses recursos do site e outros mais são criados e personalizados usando JavaScript.

O JavaScript é uma linguagem de programação extremamente poderosa e este livro inteiro poderia se dedicar a ele. Neste capítulo, você aprenderá seus fundamentos, incluindo como escrever código JavaScript para executar tarefas básicas, acessar dados usando uma API e programar com mais rapidez com um framework.

O que o JavaScript Faz?

O JavaScript cria e modifica elementos de páginas e trabalha com o HTML e CSS da página para conseguir esses efeitos. Ao visitar uma página com JavaScript, seu navegador baixa o código JavaScript e o executa como cliente na sua máquina. O JavaScript realiza tarefas para fazer o seguinte:

» Controlar aparência e layout de páginas alterando atributos de HTML e estilos de CSS.

» Criar facilmente elementos de páginas, como seletores de datas, como mostrado na Figura 9-1, e menus suspensos.

» Pegar inserções de usuários em formulários e conferir erros antes do envio.

» Mostrar e visualizar dados usando diagramas e gráficos complexos.

» Importar e analisar dados de outros sites.

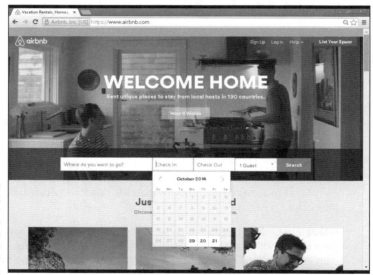

FIGURA 9-1: JavaScript cria seletores de datas encontrados em todos os sites de viagens.

PAPO DE ESPECIALISTA

O JavaScript é diferente de outra linguagem de programação, chamada Java. Em 1996, Brendan Eich, à época engenheiro da Netscape, criou o JavaScript, originalmente chamado de LiveScript. Como parte de uma decisão de marketing, o LiveScript foi renomeado para JavaScript, como uma tentativa de se beneficiar da reputação do então popular Java.

O JavaScript foi criado há quase 20 anos, e a linguagem continua a evoluir desde então. Na última década, sua principal inovação foi permitir aos desenvolvedores adicionarem conteúdo a páginas sem exigir que o usuário a carregasse. Essa técnica, chamada de *AJAX* (JavaScript assíncrono), provavelmente lhe soa trivial, mas levou à criação de experiências avançadas do navegador, como o Gmail (mostrado na Figura 9-2).

FIGURA 9-2: O Gmail usa o AJAX, que permite aos usuários lerem novos e-mails sem recarregar a página.

Antes do AJAX, o navegador só mostraria novos dados na página após ser totalmente recarregada. No entanto, isso desacelerava a experiência do usuário, especialmente ao visualizar páginas que têm atualização frequentes, em tempo real, como artigos de notícias, novidades nos esportes ou informações de ações. O JavaScript, especialmente o AJAX, criou uma maneira de seu navegador se comunicar com um servidor em segundo plano e de atualizar sua página atual com essas novas informações.

DICA

Aqui está uma maneira fácil de pensar sobre o AJAX: imagine que você esteja em uma cafeteria, e pediu um café após esperar em uma fila realmente longa. Antes do JavaScript assíncrono, você teria que esperar pacientemente na cafeteria até receber seu café, antes de fazer qualquer outra coisa. Com o JavaScript assíncrono, você pode ler notícias, encontrar uma mesa, ligar para um amigo e fazer inúmeras outras coisas até que o barista chame seu nome alertando que seu café está pronto.

CAPÍTULO 9 **Incluindo JavaScript**   141

Entendendo a Estrutura do JavaScript

O JavaScript tem estrutura e formatos diferentes do HTML e do CSS. Ele lhe permite fazer mais do que posicionar e aplicar estilo a textos em uma página — com ele, você pode armazenar números e textos para uso posterior; decidir que código executar baseado nas condições de seu programa; e até nomear partes de seu código, para que possa remeter facilmente a ele mais tarde. Como com HTML e CSS, o JavaScript tem palavras-chave especiais e sintaxe que permitem ao computador reconhecer o que você está tentando fazer. Diferente do HTML e CSS, porém, o JavaScript é intolerante a erros de sintaxe. Se você se esquecer de fechar uma tag HTML ou de incluir chaves no CSS, seu código ainda rodará e seu navegador fará o melhor para exibi-lo. Ao codificar em JavaScript, por outro lado, esquecer um único par de aspas ou de parênteses pode fazer com que seu programa inteiro não seja executado.

LEMBRE-SE

O HTML aplica um efeito entre as tags de abertura e fechamento — `<h1>Isto é um título</strong>`. O CSS usa o mesmo elemento HTML e traz suas propriedades e valores entre chaves de abertura e fechamento — `h1 { color: red;}`.

Usando Ponto e vírgula, Aspas, Parênteses e Chaves

O código a seguir ilustra a pontuação comum usada no JavaScript — ponto e vírgula, aspas, parênteses e chaves:

```
var age=22;
var planet="Terra";
if (age>=18)
{
  console.log("Você é adulto");
  console.log("Você tem mais de 18");
}

else
{
  console.log("Você não é adulto");
  console.log("Você tem menos de 18");
}
```

142   PARTE 2 Construindo Páginas Silenciosas e Interativas

As regras de ouro gerais para saber como programar em JavaScript são:

» Ponto e vírgula separam sentenças de JavaScript.

» Aspas englobam caracteres de texto ou *strings* (sequências de caracteres). Toda ocorrência de aspas de abertura deve ter outra de fechamento.

» Parênteses são usados para modificar comandos com informações adicionais chamadas *argumentos*. Todo parêntese aberto tem que ser fechado por outro.

» Chaves agrupam sentenças JavaScript em blocos para que executem juntas. Chaves abertas precisam ser fechadas.

DICA

Essas regras sintáticas podem parecer arbitrárias, e talvez seja difícil se lembrar delas inicialmente. Com alguma prática, no entanto, se tornarão uma segunda natureza.

Codificando Tarefas JavaScript Comuns

O JavaScript pode ser usado para executar muitas tarefas, de atribuições de variáveis simples a visualização de dados complexas. As tarefas a seguir, explicadas em um contexto JavaScript, são conceitos centrais de programação que não mudaram nos últimos vinte anos e não se alterarão nos próximos vinte. São aplicáveis a toda linguagem de programação. Por fim, listei instruções sobre como executar essas tarefas, mas se você preferir, também pode praticar essas habilidades indo direto para a seção "Escrevendo Seu Primeiro Programa com JavaScript", posteriormente neste capítulo.

Armazenando dados com variáveis

Variáveis, como em álgebra, são palavras-chave usadas para armazenar valores de dados para uso posterior. Embora os dados armazenados em uma variável possam mudar, o nome da variável permanece o mesmo. Pense em uma variável como um armário de ginásio — o que você armazena nele muda, mas seu número permanece inalterado. O nome da variável geralmente começa com uma letra, e a Tabela 9-1 lista alguns tipos de dados que as variáveis JavaScript podem armazenar.

CAPÍTULO 9 **Incluindo JavaScript** 143

TABELA 9-1 Dados Armazenados por uma Variável

Tipo de Dado	Descrição	Exemplos
Números	Números positivos ou negativos com ou sem decimais	156-101,96
Strings	Caracteres imprimíveis	Holly NovakSeñor
Booleanos	Valores como verdadeiro ou falso.	truefalse

PAPO DE ESPECIALISTA

Para uma lista de regras sobre nomes de variáveis, veja a seção "JavaScript Variables", em `www.w3schools.com/js/js_variables.asp` [conteúdo em inglês].

A primeira vez em que você usa o nome de uma variável, usa a palavra `var` para declará-lo. Então, pode opcionalmente atribuir um valor à variável usando sinal de igual. No exemplo de código a seguir, declaro três variáveis e atribuo valores a elas:

```
var myName="Nik";
var pizzaCost=10;
var totalCost=pizzaCost * 2;
```

PAPO DE ESPECIALISTA

Os programadores dizem que você declarou uma variável quando primeiro a define usando a palavra-chave `var`. "Declarar" uma variável diz ao computador para reservar espaço na memória e permanecer armazenando valores com o nome de variável. Visualize esses valores usando a sentença `console.log`. Por exemplo, depois de executar o código do exemplo anterior, executar a sentença `console.log(totalCost)` retorna o valor 20.

Após declarar uma variável, você altera seu valor se referindo a seu nome e usando o sinal de igual, como mostrado nos exemplos seguintes:

```
myName="Steve";
pizzaCost=15;
```

DICA

Os nomes de variáveis são suscetíveis a maiúsculas; então, ao se referir a uma variável em seu programa, lembre-se de que `MyName` é uma variável diferente de `myname`. Em geral, é uma boa ideia dar à sua variável um nome que descreva os dados que armazena.

Tomando decisões com sentenças if-else

Depois de ter armazenado dados em uma variável, é comum comparar o valor da variável a outros valores de variável ou a um valor fixo, e então tomar decisões baseadas no resultado da comparação. No JavaScript, essas comparações são feitas com uma *sentença condicional*. A sentença `if-else` é um tipo de condição. Sua sintaxe geral é a seguinte:

```
if (condição) {
    statement1 é executada se a condição for true
}
else {
    statement2 é executada se a condição for false
}
```

Nessa sentença, o `if` é seguido por um espaço, e uma condição entre parênteses é avaliada como `true` ou `false`. Se a condição for `true`, então a sentença statement1, localizada entre entre o primeiro par de chaves, é executada. Se a condição for `false` e se eu incluir `else`, que é opcional, a sentença statement2, localizada entre o segundo par de chaves, é executada. Repare que quando `else` não é incluído e a condição é falsa, a sentença condicional apenas termina.

DICA

Perceba que não há parênteses após `else` — a linha `else` não tem condição. O JavaScript executa a sentença depois de `else` apenas quando a condição precedente for `false`.

A condição em uma sentença `if-else` é uma comparação de valores usando operadores, e operadores comuns são descritos na Tabela 9-2.

TABELA 9-2 **Operadores de JavaScript Comuns**

Tipo	Operador	Descrição	Exemplo
Menor que	<	Avalia se um valor é menor que outro	(x < 55)
Maior que	>	Avalia se um valor é maior que outro	(x > 55)
Igual	===	Avalia se dois valores são iguais	(x === 55)
Menor ou igual a	<=	Avalia se um valor é menor ou igual a outro	(x <= 55)
Maior ou igual a	>=	Avalia se um valor é maior ou igual a outro	(x >= 55)
Diferente	!=	Avalia se dois valores não são iguais	(x != 55)

Aqui está uma sentença `if` simples, sem o `else`:

```
var carSpeed=70;
if (carSpeed > 55) {
    alert("Você está acima do limite de velocidade!");
}
```

CAPÍTULO 9 **Incluindo JavaScript**   145

Nessa sentença, declaro uma variável chamada `carSpeed` e a defino como 70. Então uma sentença `if` com uma condição compara se o valor na variável `carSpeed` é maior que 55. Se a condição for `true`, um alerta, uma caixa pop-up, afirma: "Você está acima do limite de velocidade!" (Veja a Figura 9-3.) Nesse caso, o valor de `carSpeed` é 70, que é maior que 55; então, a condição é verdadeira, e o alerta é exibido. Em vez disso, se a primeira linha do código fosse `var carSpeed=40;`, a condição seria falsa, porque 40 é menor que 55, e nenhum alerta seria exibido.

FIGURA 9-3: A caixa pop-up de alerta.

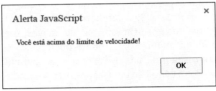

Vamos expandir a sentença `if` para adicionar `else` e criar um `if-else`, como este código mostra:

```
var carSpeed=40;
if (carSpeed > 55) {
    alert("Você está acima do limite de velocidade!");
}
else {
    alert("Você está abaixo do limite de velocidade!");
}
```

Além de `else`, adicionei uma sentença `alert` dentro do par de chaves após `else` e defini `carSpeed` igual a 40. Quando esta sentença `if-else` é executada, `carSpeed` é igual a 40, que é menos que 55, então a condição é falsa; e, como `else` foi adicionado, aparece um alerta afirmando: "Você está abaixo do limite de velocidade!" Se, em vez disso, a primeira linha do código fosse `var carSpeed=70;`, como anteriormente, a condição seria verdadeira, porque 70 é maior que 55, e o primeiro alerta seria exibido.

Nossa atual sentença `if-else` nos permite testar uma condição e mostrar resultados diferentes dependendo se for verdadeira ou falsa. Para testar duas ou mais condições, você pode adicionar uma ou mais sentenças `else if` após a sentença `if` original. A sintaxe geral é como se segue:

```
if (condition1) {
    statement1 é executada se condition1 for true
}
else if (condition2) {
    statement2 é executada se condition2 for true
```

```
}
else {
    statement3 é executada se todas as condições anteriores forem false
}
```

O `if-else` está escrito como antes, e o `else if` é seguido por um espaço, e uma condição entre parênteses que avalia como `true` ou `false`. Se *condition1* for `true`, então `statement1`, localizada entre o primeiro par de chaves, é executada. Se *condition1* for `false`, então *condition2* é avaliada como `true` ou `false`. Se *condition2* for `true`, então `statement2`, localizada entre o segundo par de chaves, é executada. Nesse ponto, sentenças `else if` adicionais podem ser acrescentadas para testar condições extras. Apenas quando as condições `if` e `else if` são `false`, e o `else` está incluso, `statement3` é executada. Apenas uma sentença é executada em um bloco de código, após o qual as sentenças restantes são ignoradas e o bloco de código seguinte, executado.

DICA

Ao escrever o `if-else`, você deve ter uma única sentença `if`, e, se quiser, uma única sentença `else`. O `else if` é opcional, pode ser usado múltiplas vezes com uma única sentença `if-else`, e deve vir após a sentença `if` original e antes do `else`. Você não pode ter um `else if` ou `else` isolados, sem uma sentença `if` anterior.

Aqui há outro exemplo de sentença `else if`:

```
var carSpeed=40;
if (carSpeed > 55) {
    alert("Você está acima do limite de velocidade!");
}
else if (carSpeed === 55) {
    alert("Você está no limite de velocidade!");
}
```

Quando essa sentença `if` é executada, `carSpeed` é igual a 40, que é menos do que 55, então a condição é falsa, depois a condição `else if` é avaliada. O valor de `carSpeed` não é exatamente igual a 55, então essa condição também é falsa, e não é exibido qualquer tipo de alerta e a sentença termina. Se a primeira linha do código fosse `var carSpeed=55;` então a primeira condição seria `false`, pois 55 não é maior do que 55. Depois, a condição `else if` é avaliada, e como 55 é exatamente igual a 55, o segundo alerta é exibido, afirmando: "Você está no limite de velocidade!"

LEMBRE-SE

Observe cuidadosamente o código anterior — ao definir o valor de uma variável, um sinal de igual é usado, mas, ao comparar se dois valores são iguais, três sinais de igual (===) são usados.

CAPÍTULO 9 **Incluindo JavaScript**   147

Como um exemplo final, aqui está uma sentença `if-else` com uma sentença `else if`:

```
var carSpeed=40;
if (carSpeed > 55) {
    alert("Você está acima do limite de velocidade!");
}
else if (carSpeed === 55) {
    alert("Você está no limite de velocidade!");
}
else {
    alert("Você está abaixo do limite de velocidade!");
}
```

Como mostra o diagrama da Figura 9-4, duas condições, que aparecem na figura como losangos, são avaliadas em sequência. Nesse exemplo, `carSpeed` é igual a 40, então as duas condições são falsas, e a sentença após `else` é executada, mostrando um alerta que diz: "Você está abaixo do limite de velocidade!" Aqui, `carSpeed` é inicialmente definido para 40, mas, dependendo do valor inicial da variável `carSpeed`, qualquer um dos três alertas poderia ser exibido.

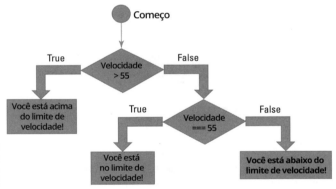

FIGURA 9-4: If-else com uma sentença else-if.

LEMBRE-SE

A condição é sempre avaliada primeiro, e todas serão `true` ou `false`. Independente da condição é a declaração que é executada se a condição for `true`.

Trabalhando com métodos de string e números

Os tipos mais básicos de dados, comumente armazenados em variáveis, são strings e números. Os programadores geralmente precisam manipular strings e números para executar tarefas básicas, como as seguintes:

» Determinar o comprimento *length* de uma string, como no caso de uma senha.

» Selecionar partes (ou subcadeias *substring*) de uma string, como ao escolher o primeiro nome em uma string que inclui nome e sobrenome.

» Arredondar um número para um número de casas decimais fixo (*toFixed*), como ao somar o subtotal em um carrinho de compras online, calcular os impostos, arrendondá-los para duas casas decimais e adicioná-los ao subtotal.

Essas tarefas são tão comuns que o JavaScript inclui atalhos, chamados de *métodos* (italizados anteriormente), que facilitam sua execução. A sintaxe geral para executá-las é acompanhar o nome ou valor da variável alterada com um período e o nome do método, como se segue para valores e variáveis:

```
value.method;
variable.method;
```

A Tabela 9-3 mostra exemplos de métodos JavaScript para as tarefas mais básicas, anteriormente discutidas. Os exemplos incluem métodos aplicados a valores, como strings, e a variáveis.

TABELA 9-3 Métodos JavaScript Comuns

Método	Descrição	Exemplo	Resultado
.toFixed(n)	Arredonda um número para *n* casas decimais	`var jenny= 8.675309; jenny.toFixed(2);`	8.68
.length	Representa o número de caracteres em uma string	`"Nik".length;`	3
.substring (start, end)	Extrai partes da string das posições start até end. Posições indicam o espaço entre cada caractere e começam antes do primeiro, com o valor zero.	`var name= "Inbox";name.substring (2,5);`	box

LEMBRE-SE

Ao usar uma string, ou atribuir valor a uma variável que é uma string, sempre a coloque entre aspas.

Os métodos `.toFixed` e `.length` são relativamente simples, mas o `.substring` pode ser um pouco confuso. As posições inicial e final usadas em `.substring(start, end)` não se referem a caracteres reais, mas aos espaços entre eles. A Figura 9-5 mostra como as posições inicial e final funcionam.

CAPÍTULO 9 **Incluindo JavaScript** 149

A sentença "Inbox".substring(2,5) começa na posição 2, entre "n" e "b", e termina na posição 5, após o "x".

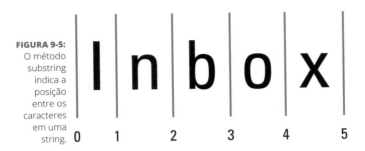

FIGURA 9-5: O método substring indica a posição entre os caracteres em uma string.

DICA

Para obter uma lista de métodos adicionais de strings e números, veja W3Schools www.w3schools.com/js/js_number_methods.asp e www.w3schools.com/js/js_string_methods.asp [conteúdos em inglês].

Alertando e solicitando inserções de usuários

Mostrar mensagens para os usuários e coletar inserções é o início da interatividade fornecida pelo JavaScript. Embora existam atualmente técnicas mais sofisticadas, os métodos `alert()` e `prompt()` são formas fáceis de mostrar uma caixa pop-up com uma mensagem e solicitar ao usuário uma inserção.

A sintaxe para criar um alerta ou solicitação é escrever o método com o texto entre aspas dentro de parênteses, assim:

A Figura 9-6 mostra a caixa de alerta pop-up criada com o método `alert()` e a solicitação para a inserção do usuário criada pelo método `prompt()`.

FIGURA 9-6: Uma caixa de alerta pop-up de JavaScript e uma solicitação para o usuário.

Nomeando código com funções

As funções são uma forma de agrupar sentenças JavaScript e de nomear esse grupo para facilitar a referência com um nome de função. Essas sentenças são tipicamente agrupadas juntas para alcançar objetivos específicos de codificação. Você pode usar as sentenças repetidamente apenas escrevendo o nome da função em vez de ter que escrevê-las inúmeras vezes. As funções impedem a repetição e facilitam seu código.

Quando eu era mais jovem, todos os sábados de manhã minha mãe me dizia para escovar meus dentes, dobrar a roupa, aspirar meu quarto e cortar o gramado. Um dia, cansada de repetir a mesma lista reiteradamente, ela a escreveu em um papel, a intitulou de "Atividades de sábado" e a colocou na geladeira. Uma função nomeia um grupo de sentenças, como "Atividades de sábado" era o nome da minha lista de tarefas.

As funções são definidas usando a palavra `function`, seguida pelo nome da função e então por um conjunto de sentenças dentro de chaves. Isso é chamado de *função definida por várias sentenças*. As sentenças nas funções são executadas apenas quando a função é chamada pelo nome. No exemplo seguinte, declarei uma função chamada `greeting`, que pergunta seu nome usando o método `prompt()`, retorna o nome que digitou armazenando-o em uma variável chamada `name` e exibe uma mensagem com a variável `name` usando o método `alert()`:

```
function greeting() {
   var name=prompt("Qual é seu nome?");
   alert("Bem-vindo a este site " + name);
}

greeting();
greeting();
```

Sob a função definida por várias sentenças, ativei a função duas vezes, então vou desencadear duas solicitações para o meu nome, que são armazenadas na variável `name`, e duas mensagens recebendo o valor na variável `name` para esse site.

DICA

O operador "+" é usado para *concatenar* (combinar) strings com outras strings, valores ou variáveis.

As funções podem ter inserções, chamadas *parâmetros*, que ajudam a executá-las, e retornam um valor quando a função é completada. Depois de escrever minha lista de tarefas, a cada manhã de sábado minha mãe dizia: "Nik, faça as atividades de sábado", e quando meu irmão já tinha crescido o bastante, também lhe dizia: "Neel, faça as atividades de sábado." Se a lista é uma função definida por várias sentenças, e "Atividades de sábado" é o nome da função, então "Nik" e "Neel" são os parâmetros. Por fim, depois que terminava, avisava à minha mãe que as tarefas tinham sido concluídas, assim como uma função retorna valores.

No exemplo a seguir, declarei uma função chamada `amountdue`, que tem os parâmetros `price` e `quantity`. A função, quando ativada, calcula o `subtotal`, adiciona os impostos, `tax`, devidos e então retorna o `total`. A função `amountdue(10, 3)` retorna 31.5.

```
function amountdue(price, quantity) {
    var subtotal=price * quantity;
    var tax = 1.05;
    var total = subtotal * tax;
    return total;
}

alert("A quantia devida é $" + amountdue(10,3));
```

LEMBRE-SE

Todo parêntese aberto tem que ser fechado, assim como chaves e aspas. Você consegue encontrar todos os pares de abertura e fechamento nos exemplos anteriores?

Adicionando JavaScript às páginas

As duas maneiras de adicionar JavaScript a uma página são:

» Com seu código embutido em um arquivo HTML, usando a tag `script`.

» Vinculando um arquivo JavaScript separado do arquivo HTML, com a tag `script`.

Para embutir o código JavaScript em um arquivo HTML, use tags `<script>` de abertura e fechamento e escreva suas sentenças JavaScript entre duas tags, como mostrado no exemplo a seguir:

```
<!DOCTYPE html>
<html>
    <head>
        <title>JavaScript embutido</title>
        <script>
            alert("Isto é JavaScript embutido");
        </script>
    </head>
```

152 PARTE 2 **Construindo Páginas Silenciosas e Interativas**

```
<body>
    <h1>Exemplo de JavaScript embutido</h1>
    </body>
</html>
```

DICA

A tag `<script>` pode ser posicionada dentro das tags `<head>` de abertura e fechamento, como mostrado anteriormente, ou dentro de tags `<body>` de abertura e fechamento. Há algumas vantagens de desempenho ao escolher uma abordagem em vez da outra, leia mais sobre isso em http://stackoverflow.com/questions/436411/where-is-the-best-place-to-put-script-tags-in-html-markup [conteúdo em inglês].

A tag `<script>` também é usada ao vincular um arquivo de JavaScript separado, a abordagem recomendada. A tag `<script>` inclui:

» Um atributo `type`, que para o JavaScript é sempre definido como `"text/javascript"`

» Um atributo `src`, definido como a localização do arquivo JavaScript.

```
<!DOCTYPE html>
<html>
    <head>
        <title>Ligação com um arquivo JavaScript separado</title>
        <script type="text/javascript" src="script.js"/></script>
    </head>
    <body>
        <h1>Ligação com um arquivo JavaScript separado</h1>
    </body>
</html>
```

LEMBRE-SE

A tag `<script>` tem abertura e fechamento, independentemente de o código ser embutido entre tags ou vinculado a um arquivo separado com o atributo `src`.

Escrevendo Seu Primeiro Programa de JavaScript

Pratique JavaScript online com o site da Codecademy. A Codecademy é um site gratuito criado em 2011 para permitir que todos aprendam a codificar direto no navegador, sem instalar ou baixar software algum. Treine o uso de todas essas tags (e algumas mais) que aprendeu neste capítulo seguindo estes passos:

1. **Abra seu navegador, vá para** www.dummies.com/go/codingfd **e clique no link da Codecademy.**

2. **Entre em sua conta da Codecademy.**

   Essa inscrição é discutida no Capítulo 3. Criar uma conta lhe permite salvar seu progresso conforme trabalha, mas é opcional.

3. **Navegue até Getting Started with Programming e clique.**

4. **Informações cruciais são apresentadas na parte superior esquerda do site, e as instruções, na inferior esquerda.**

5. **Siga as instruções na janela de codificação principal.**

6. **Após completar as instruções, clique no botão Save and Submit Code.**

   Se seguiu as instruções corretamente, um ícone verde de completado aparecerá, e você irá para o exercício seguinte. Se houver algum erro em seu código, aparecerá um aviso com uma sugestão para repará-lo. Se você se deparar com algum problema ou falha que não consegue corrigir, use os fóruns ou envie um tuíte para @nikhilgabraham e inclua a hashtag #codingFD.

Trabalhando com APIs

Embora as *APIs (interfaces de programação de aplicações)* existam há décadas, o termo se popularizou nos últimos anos, conforme ouvimos mais discussões e promoção de seu uso. *Use a API do Facebook! Por que o Craigslist não tem uma API?* Todo negócio do Stripe gira em torno de permitir que desenvolvedores aceitem pagamentos online com sua API de pagamento.

Muitas pessoas usam o termo API, mas poucas entendem seu significado. Esta seção vai esclarecer o que as APIs fazem e como são usadas.

O que as APIs fazem?

Uma API possibilita que o programa A acesse funções selecionadas de outro programa separado, o programa B. O programa B concede o acesso, permitindo que o programa A solicite dados de forma estruturada, previsível e documentada, e o programa B responde a essa solicitação da mesma maneira, como se segue (veja a Figura 9-7):

» É *estruturada* porque os campos na solicitação e os dados na resposta seguem um formato padronizado fácil de ser lido. Por exemplo, a resposta de dados da API do Yahoo Weather inclui esses campos de dados estruturados selecionados:

```
"location": {
 "city": "Nova York",
 "region": "NY"
},
"units": {
 "temperature": "F"
},
"forecast": {
    "date": "29 de outubro de 2014",
    "high": "68",
    "low": "48",
    "text": "Poucas chuvas"
}
```

DICA

Veja a resposta completa da API do Yahoo Weather visitando http://developer.yahoo.com/weather/[conteúdo em inglês].

» É *previsível* porque os campos que devem e podem ser incluídos na solicitação são pré-especificados, e a resposta a uma solicitação bem-sucedida sempre vai incluir os mesmos tipos de campo.

» É *documentada* porque a API é explicada em detalhes. Todas as mudanças são normalmente comunicadas através de sites, mídias sociais, e-mail, e, mesmo após alterações na API, comumente há um período de responsabilidade retroativa quando as solicitações da API antiga vão receber uma resposta. Por exemplo, quando o Google Maps emitiu a versão 3 de sua API, a segunda ainda funcionou por um período de carência.

FIGURA 9-7: Uma API permite que dois programas separados se comuniquem.

CAPÍTULO 9 **Incluindo JavaScript** 155

Anteriormente você viu uma resposta de API sobre o clima; então, o que incluiria em uma solicitação desse tipo? É provável que os campos a seguir sejam importantes:

» Localização, que pode ser especificada usando CEP, cidade e estado; localização atual em coordenadas de latitude e longitude; ou endereço de IP.

» Período de tempo relevante, que pode incluir previsão instantânea, diária, para três dias, semanal ou para dez dias.

» Unidades de temperatura (Fahrenheit ou Celsius) e precipitação (polegadas ou centímetros).

LEMBRE-SE

Esses campos em nossa solicitação especificam tipo e formato desejados de dados. Os dados meteorológicos reais serão enviados após a API entender suas preferências de dados.

Você consegue pensar em outros fatores a serem considerados ao fazer solicitações? Aqui vai uma pista — imagine que trabalha para o Al Roker no programa de televisão *Today*, da NBC, e é responsável por atualizar as previsões do tempo no site do programa para 1 milhão de visitantes a cada manhã. Enquanto isso, tenho um site, o NikWeather, que mede dez visitantes diários conferindo o clima. O site do *Today* e o meu fazem uma solicitação para a mesma API de clima ao mesmo tempo. Quem receberia os dados primeiro? Parece intuitivo que as necessidades do 1 milhão de visitantes do site do *Today* superem as dos dez do meu site. Uma API prioriza as solicitações que atenderá primeiro, quando incluir uma chave de API. Uma *chave de API* é um valor único, geralmente uma longa string alfanumérica, que identifica o solicitante e é incluída na solicitação da API. Dependendo de seu acordo com o provedor de API, sua chave de API pode habilitá-lo a receber respostas prioritárias, dados adicionais ou suporte extra.

Você consegue pensar em ainda mais fatores? Aqui vai outra pista — há alguma diferença entre trabalhar com dados do clima ou financeiros? O outro fator para se ter em mente é a frequência das solicitações de dados e as atualizações. As APIs geralmente limitam o número de vezes que você pode solicitar dados. No caso da API do clima, talvez o limite de solicitação seja de uma a cada minuto. A frequência com que os dados são atualizados se relaciona à frequência com que pode solicitá-los. Aqui há duas considerações — com que frequência os dados subjacentes mudam e com que frequência a API fornece suas atualizações. Por exemplo, exceto em circunstâncias extremas, o clima muda a cada 15 minutos. Portanto, você enviaria somente uma solicitação de API a cada 30 minutos, porque o envio mais intenso de solicitações não resultaria em dados atualizados. Por outro lado, dados financeiros, como preços de ações, e muitas APIs públicas, que mudam inúmeras vezes por segundo, admitem uma solicitação por segundo.

Raspagem de dados sem API

Na ausência de uma API, aqueles que querem dados de um site de terceiros criam processos para navegar no site, pesquisar e copiar dados e armazená-los para uso posterior. Esse método de recuperação de dados é comumente referido como *raspagem de tela* ou *raspagem web*. Esses processos, que variam em sofisticação de simples a complexos, são:

» **Pessoas que copiam e colam manualmente dados de sites em um banco de dados:** Sites colaborativos, como o www.retailmenot.com [conteúdo em inglês], recentemente listado no mercado de ações da NASDAQ, obtêm alguns dados assim.

» **Fragmentos de códigos escritos para encontrar e copiar dados que combinam padrões predefinidos:** Os padrões predefinidos também são chamados de *expressões regulares*, que combinam caracteres e strings, e são escritos usando linguagens da web, como JavaScript ou Python.

» **Ferramentas de software automatizadas que lhe permitem apontar e clicar nos campos que deseja recuperar de um site:** Por exemplo, o www.kimonolabs.com [conteúdo em inglês] é uma solução de apontar e clicar, e, quando a Copa do Mundo da Fifa de 2014 ainda não tinha uma API estruturada, o kimonolabs.com extraiu os dados, como placares, e os tornou facilmente acessíveis.

A vantagem da raspagem de tela é que os dados provavelmente ficarão disponíveis e com menos restrições, porque são o conteúdo que os usuários regulares veem. Se uma API falhar, isso pode passar despercebido e, dependendo do site, levar tempo para corrigir. Por outro lado, a falha de um site principal é comumente de prioridade máxima, corrigida o mais rápido possível. Além disso, as empresas podem impor limites aos dados recuperados da API que raramente são vistos e mais difíceis de aplicar ao fazer raspagem de tela.

A desvantagem da raspagem de tela é que o código escrito para capturar dados de um site deve ser preciso e pode quebrar facilmente. Por exemplo, o preço de uma ação está no segundo parágrafo de uma página, na terceira linha e é a quarta palavra. O código de raspagem de tela é programado para extrair o preço das ações desse local, mas, inesperadamente, o site muda seu layout e o preço passa para o quinto parágrafo. De repente, os dados são imprecisos. Além disso, pode haver questões legais com a extração de dados dessa maneira, especialmente se os termos e condições do site proibirem raspagem de tela. Em um exemplo envolvendo essa questão, após um litígio, o tribunal suspendeu a utilização dos dados obtidos através dessa técnica por uma empresa em razão da expressa proibição nos termos e condições do site Craiglist.

Buscando e escolhendo uma API

Para qualquer tarefa de dados específica, há inúmeras APIs que lhe oferecem os dados que busca. Há a seguir alguns fatores a considerar ao selecionar uma API para usar em seus programas:

» **Disponibilidade dos dados:** Faça uma lista dos desejos dos campos em que pretende usar a API e os compare aos realmente oferecidos pelos provedores de API.

» **Qualidade:** Compare como os inúmeros provedores de API reúnem dados e a frequência com que são atualizados.

» **Confiabilidade do site:** Meça o tempo de disponibilidade do site porque, independente do quanto os dados sejam bons, ele precisa permanecer online para fornecê-los. A confiabilidade do site é um fator importante em setores como finanças e saúde.

» **Documentação:** Verifique a documentação da API para facilitar e detalhar a leitura, para que possa entender facilmente seus recursos e limitações antes de começar.

» **Suporte:** Ligue para o suporte para avaliar tempos de resposta e conhecer o suporte ao cliente. Algo vai dar errado, e, quando acontecer, você quer estar preparado para diagnosticar e resolver rapidamente quaisquer problemas.

» **Custo:** Muitas APIs oferecem acesso gratuito abaixo de um determinado limite de solicitações. Investigue as estruturas de custo se você exceder esses níveis para que orce adequadamente seu acesso à API.

Usando as Bibliotecas JavaScript

Uma *biblioteca* JavaScript é um código de JavaScript pré-escrito que facilita o processo de desenvolvimento. A biblioteca inclui códigos para tarefas comuns, que já foram testados e implementados por outros. Para usar o código para essas tarefas comuns, você só precisa ativar as funções ou métodos definidos conforme na biblioteca. Duas das bibliotecas JavaScript mais populares são jQuery e D3.js.

jQuery

O jQuery usa o código de JavaScript para animar páginas modificando seu CSS, fornecendo uma biblioteca de funções geralmente usadas. Embora você possa escrever código de JavaScript para conseguir qualquer efeito de jQuery, sua maior vantagem é completar tarefas escrevendo menos linhas de código. Como a biblioteca de JavaScript mais popular atualmente, o jQuery é usado na maioria dos 10 mil sites mais visitados. A Figura 9-8 mostra uma galeria de fotos com efeitos jQuery de transição de imagens.

FIGURA 9-8: Galeria com efeitos jQuery de transição de imagens desencadeados por setas de navegação.

D3.js

O D3.js é uma biblioteca JavaScript para visualizar dados. Assim como com o jQuery, efeitos semelhantes podem ser conseguidos usando JavaScript, mas somente após escrever muitas linhas de código. A biblioteca é particularmente especializada em mostrar dados em várias dimensões e criar visualizações interativas de conjuntos de dados. O criador do D3.js é atualmente empregado no *New York Times*, que o usa extensivamente para criar diagramas e gráficos para artigos online. A Figura 9-9 é um diagrama interativo que mostra valor e desempenho do IPO da empresa de tecnologia ao longo do tempo.

FIGURA 9-9: Um diagrama que mostra a avaliação do IPO do Facebook em relação a outros IPOs de tecnologia.

Procurando Vídeos com a API do YouTube

Pratique acessar Api online com o site da Codecademy. A Codecademy é um site gratuito criado em 2011 para permitir que todos aprendam a codificar direto no navegador, sem instalar ou baixar software algum. Treine o uso de todas essas tags (e algumas mais) que aprendeu neste capítulo seguindo estes passos:

1. **Abra seu navegador, vá para** `www.dummies.com/go/codingfd` **e clique no link da Codecademy.**

2. **Entre em sua conta da Codecademy.**

    Essa inscrição é discutida no Capítulo 3. Criar uma conta lhe permite salvar seu progresso conforme trabalha, mas é opcional.

3. **Navegue e clique em How to use APIs with JavaScript e depois em Searching for YouTube Videos.**

4. **Informações cruciais são apresentadas na parte superior esquerda do site, e as instruções, na inferior esquerda.**
5. **Siga as instruções na janela de codificação principal.**
6. **Após completar as instruções, clique no botão Save and Submit Code.**

    Se seguiu as instruções corretamente, um ícone verde de completado aparecerá, e você irá para o exercício seguinte. Se houver algum erro em seu código, aparecerá um aviso com uma sugestão para repará-lo. Se você se deparar com algum problema ou falha que não consegue corrigir, use os fóruns ou envie um tuíte para `@nikhilgabraham` e inclua a hashtag `#codingFD`.

Criando um Aplicativo Web

NESTA PARTE...

Planeje dar vida a seu primeiro aplicativo web.

Conheça as pessoas que o ajudam a criar aplicativos web.

Pesquise cada componente do seu primeiro aplicativo.

Construa seu aplicativo web com ofertas baseadas em localização.

Depure os erros do seu primeiro aplicativo web.

> **NESTE CAPÍTULO**
>
> » **Completando um caso de estudo usando um app**
>
> » **Entendendo o processo de criar um app para resolver um problema**
>
> » **Descobrindo as várias pessoas que ajudam a criar um app**

Capítulo **10**

Construindo Seu App

Se tem um sonho, você pode passar toda a vida... se preparando para ele. Tudo o que deveria fazer é começar.

— DREW HOUSTON

Se leu (ou folheou) os capítulos anteriores, já tem conhecimento suficiente de HTML, CSS e JavaScript para escrever seu próprio aplicativo web. Para revisar, o HTML coloca conteúdo na página, o CSS aplica estilo a ele e o JavaScript permite que se torne interativo.

Você pode sentir que não tem conhecimento de codificação o bastante para criar um app, mas garanto que tem. Além disso, a única maneira de realmente aprender é começar e tentar. Neste capítulo, você conseguirá entender melhor o app que está construindo e os passos básicos para criá-lo. Os desenvolvedores geralmente começam apenas com as informações apresentadas neste capítulo e então criam um protótipo. Após lê-lo, pense em como você construiria o app, e depois consulte os capítulos seguintes para ter mais detalhes sobre cada passo.

Criando um Aplicativo de Ofertas Baseadas na Localização

A tecnologia oferece aos desenvolvedores (como você) uma das informações mais valiosas sobre seus usuários — sua localização. Com dispositivos móveis, como smartphones e tablets, você pode até encontrar a localização momentânea de um usuário. Embora provavelmente tenha usado um app para saber sobre o tempo, o clima ou até informações de direção, você talvez nunca tenha recebido uma oferta em seu telefone para entrar em uma loja ao caminhar pela rua ou dirigir um carro. Imagine passar por um restaurante mexicano durante a hora do almoço e receber uma oferta de tacos grátis. Estou faminto, então vamos começar!

Entendendo a situação

O caso de estudo a seguir é fictício. Qualquer semelhança com empresas ou eventos reais é mera coincidência.

A empresa McDuck's é uma das maiores redes de fast-food mundial, especializada em venda de hambúrgueres em restaurantes de mesmo nome. A empresa tem 35 mil desses restaurantes, que servem 6,5 milhões de hambúrgueres todos os dias a 70 milhões de pessoas em mais de 100 países. Em setembro de 2014, a McDuck's experimentou seu pior declínio em vendas em mais de uma década. Após muitas reuniões, a equipe de executivos decidiu que o segredo para melhorar as vendas seria aumentar o tráfego de clientes. "Nossa experiência com os restaurantes, com hambúrgueres atraentes e aromas de batatas fritas, é a melhor da indústria — considerando que um cliente que entra é uma venda garantida", diz o CEO da McDuck's, Duck Corleone. Para promover visitas aos restaurantes, a McDuck's quer um aplicativo web para que seus clientes façam check-in nas lojas favoritas e recebam uma oferta ou cupom se estiverem perto de um restaurante. "Dar a clientes que estão a cinco ou dez minutos de distância do restaurante um empurrãozinho pode resultar em uma visita. Mesmo que os clientes usem o aplicativo dentro do restaurante, isso nos permitirá manter um relacionamento com eles mesmo depois de terem saído", diz Corleone.

A empresa McDuck's quer rodar um piloto para avaliar se as ofertas baseadas em localização aumentarão as vendas. Sua missão é:

» Criar um app que comprovará que as ofertas baseadas em localização são eficazes.

» Limitar o app para funcionar em apenas uma loja McDuck's, de sua escolha.

» Obter a localização dos clientes usando o app.

» Mostrar ofertas aos clientes que estão a cinco ou dez minutos da loja.

Atualmente, a McDuck's tem um site e um app móvel, mas que só mostram o cardápio e as informações de localização da loja. Se esse piloto for bem-sucedido, a McDuck's vai incorporar seu código em seu site e app da empresa.

Traçando os próximos passos

Agora que entendeu a solicitação da McDuck's, você provavelmente tem algumas dúvidas:

» Como deve ser a aparência do app?

» Quais linguagens de programação uso para criá-lo?

» Como escrevo o código para localizar um usuário?

» Qual oferta mostro a um usuário entre cinco e dez minutos de distância?

São questões normais, e, para garantir que esteja fazendo todas as perguntas necessárias de forma organizada, você seguirá um processo de desenvolvimento padrão.

Seguindo o Processo de Desenvolvimento de um App

Construir um app pode levar pouco tempo, como uma hora, ou muito, como décadas. Para a maioria das startups, o processo de desenvolvimento para o protótipo inicial do produto leva um ou dois meses para ser completado, enquanto os processos de desenvolvimento de softwares empresariais, de seis meses a um ano, dependendo do setor e da complexidade. Uma breve visão geral de todo o processo é descrita aqui, e cada passo é abordado em detalhes à medida que cria o aplicativo para a McDuck's.

LEMBRE-SE

Um app pode ser um programa de software que roda em desktops ou dispositivos móveis.

Os quatro passos que seguirá ao construir seu app são:

» Planejar e descobrir os requisitos do app

» Pesquisar a tecnologia necessária para construí-lo e desenhar sua aparência

» Codificar seu app usando uma linguagem de programação

» Depurar e testar seu código quando se comportar de forma diferente da pretendida

CAPÍTULO 10 **Construindo Seu App**   167

No total, você deve planejar gastar de duas a seis horas construindo esse app. Como mostrado na Figura 10-1, planejar e pesquisar sozinho levará mais da metade do seu tempo, especialmente se for a primeira vez que constrói um app. Você se surpreenderá ao saber que realmente escrever o código levará relativamente pouco tempo, com o resto do tempo gasto depurando seu código para corrigir erros de sintaxe e lógica.

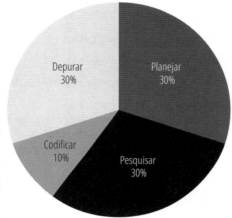

FIGURA 10-1: Tempo atribuído a cada uma das quatro etapas no processo de desenvolver um app.

PAPO DE ESPECIALISTA

Os processos de desenvolvimento de aplicativos têm diferentes nomes, e os dois processos principais são chamados de *modelo em cascata* e *desenvolvimento ágil*. O modelo em cascata é um conjunto de passos sequenciais seguidos para criar um programa, enquanto o desenvolvimento ágil é um conjunto de passos interativos seguidos para criar um programa. Uma discussão adicional é encontrada no Capítulo 3.

Planejando Seu Primeiro Aplicativo

Você ou seu cliente tem uma ideia para um app web, e o planejamento é o processo de colocá-la no papel. Documentar todos os recursos que o app terá é crucial, porque, como a tirinha da Figura 10-2 mostra, para o desenvolvimento web e a ciência da computação em geral, pode ser difícil entender previamente quais recursos são tecnicamente fáceis ou difíceis de implementar.

A fase de planejamento também facilita uma conversa inicial sobre prazos, escopo do projeto e orçamento, e, como dizem, é a tal história: "Escolha dois dos três." Em algumas situações, como projetos para empresas de finanças, o cronograma e o escopo do projeto podem ser judicialmente obrigatórios ou vinculados a um cliente grande, e não podem ser alterados, e um orçamento adicional pode ser necessário para atender a ambos. Em outras situações, como em projetos para pequenas startups, os recursos são escassos, então é mais comum ajustar o escopo do projeto ou ampliar os prazos que aumentar o orçamento. Antes de escrever qualquer código, será útil entender quais dimensões podem ser flexibilizadas e quais são rígidas.

Por fim, embora você possa desempenhar múltiplos papéis na criação de seu app web, na vida real, equipes de pessoas ajudam a dar vida aos apps web que usa todos os dias. Você verá os papéis que as pessoas desempenham e como trabalham juntas.

FIGURA 10-2: Pode ser difícil separar projetos tecnicamente simples e complexos.

Explorando o Processo Geral

O objetivo da fase de planejamento é:

» **Entender os objetivos do cliente:** Alguns clientes podem querer ser os primeiros a entrar em um setor com um app, mesmo que isso signifique sacrificar a qualidade. Outros, exigem os padrões de qualidade, confiabilidade e estabilidade mais elevados. Da mesma forma, alguns podem priorizar a manutenção dos clientes existentes, enquanto outros, querer atrair novos. Todas essas motivações afetam a concepção e a implementação do produto de várias maneiras.

Se você é desenvolvedor de uma grande empresa, seus clientes geralmente não são o usuário final, mas, quem quer que seja, sua equipe interna deve exibir o app antes de ser lançado ao público. Em muitas empresas, como Google, Yahoo! e Facebook, a maioria dos projetos não passa da revisão interna e nunca é divulgada ao público.

» **Documentar solicitações de produtos e recursos:** Os clientes costumam ter uma visão geral do produto, uma lista de tarefas que o usuário deve completar com o app. Muitas vezes, os clientes têm recursos em mente que ajudariam a realizar essas tarefas.

» **Concordar com entregas e prazos:** Quase todos os clientes vão imaginar um produto muito maior do que você realmente terá tempo para construir. Para um desenvolvedor, é extremamente importante entender quais recursos são absolutamente necessários e devem ser construídos, e quais são "bons de ter", se houver tempo remanescente no final do projeto. Se cada recurso é uma "necessidade", você precisa pressionar o cliente para priorizar algo ou se certificar de que tem tempo suficiente.

Estimar o tempo para concluir projetos de software é uma das tarefas mais difíceis de gestão de projetos. Existe maior variabilidade e incerteza que projetos de construção material, como construir uma casa, ou intelectuais, como escrever um memorando. Os desenvolvedores mais experientes das melhores empresas de software do mundo rotineiramente se perdem nas estimativas, então não se sinta mal se a conclusão demorar mais do que planeja. Sua habilidade de estimar melhorará com tempo e prática.

Depois de separar os recursos necessários dos "bons de ter", você deve decidir quais são fáceis e quais são complexos. Sem experiência prévia, isso pode parecer difícil, mas pense se outros aplicativos têm funcionalidades similares. Você também pode procurar postagens em fóruns na internet ou produtos que tenham o recurso. Se não houver, e toda a discussão online retratar a dificuldade da tarefa, valeria a pena considerar postergar como uma alternativa.

» **Discutir ferramentas e software de que precisará para completar o projeto e de que seus usuários precisarão para usá-lo:** Reserve um tempo para entender o fluxo de trabalho de seus clientes e usuários para evitar surpresas de incompatibilidade de software. Softwares web geralmente funcionam em uma variedade de dispositivos, mas sistemas operacionais e navegadores mais antigos podem ter problemas. Definir no começo do projeto exatamente quais versões do navegador você vai suportar (como Internet Explorer 9 e posteriores) e dispositivos (como apenas desktops e iPhone) economizará tempo de desenvolvimento e testes. Normalmente, essas decisões são baseadas em quantos usuários dessas plataformas existem, e muitas empresas vão suportar a versão do navegador se for usada por uma quantidade substancial deles — geralmente, pelo menos 5%.

DICA

As incompatibilidades do navegador diminuem à medida que os navegadores atuais de desktops e dispositivos móveis se atualizam e são agora mais fáceis de manter atualizados.

Conheça as Pessoas que Dão Vida aos App Web

Você poderá completar o app deste livro sozinho, mas os apps que constrói no trabalho ou usa todos os dias, como Google Maps ou Instagram, são criados por uma equipe. Equipes para um único produto variam em tamanho, ultrapassando 50 pessoas, e cada pessoa desempenha um papel específico em áreas como design, desenvolvimento, gestão de produto e teste. Em empresas pequenas, a mesma pessoa pode desempenhar diversos papéis, enquanto nas maiores as funções se tornam mais especializadas e cada pessoa executa uma função.

Criando com designers

Antes de qualquer código ser escrito, os designers trabalham para criar a aparência do site através de layout, imagens e interações. Os designers respondem de perguntas simples, como "o menu de navegação deveria estar no topo ou na parte inferior da página?", a complexas, como por exemplo, "como transmitimos sensação de simplicidade, criatividade e descontração?". Em geral, os designers respondem a esse tipo de questão entrevistando usuários, criando muitos designs para a mesma ideia de produto e finalmente escolhendo um design. Um bom design aumenta consideravelmente a adoção de um produto ou uso do site, como o iPhone, da Apple, e o Airbnb.com. (Veja a Figura 10-3.)

Ao construir um site ou app, você deve decidir se precisa de um designer, mas tenha em mente que no projeto há inúmeras funções que os designers exercem. Os papéis a seguir são complementares e podem ser executados por uma pessoa ou por pessoas determinadas:

» **Designers de interface do usuário (UI) e experiência do usuário (UX)** lidam principalmente com a "sensação" e o layout. Quando você navega por um site, por exemplo, a Amazon, pode notar que em todas as páginas os menus de navegação e o conteúdo estão no mesmo local e usam fontes, botões, caixas de inserções e imagens idênticos ou análogos. O designer UI/UX pensa na ordem em que as telas são exibidas para o usuário, além de como e onde ele clica, insere texto, e, em geral, interage com o site. Se você espiasse designers UI/UX, provavelmente ouviria uma conversa assim: "Sua página está lotada de chamadas para ação. Nossos usuários não tomam tantas decisões em outras partes do site. Vamos simplificar o layout com um único botão Comprar, para que qualquer um possa fazê-lo com apenas um clique."

» **Designers visuais** lidam principalmente com a criação dos gráficos finais utilizados em um site, e é a função mais proximamente associada a um "designer". O designer visual cria versões finais de ícones, logos, botões, tipografia, imagens. Por exemplo, veja seu navegador de internet — seu ícone, os botões Voltar, Recarregar e Favoritos foram todos criados por um designer visual, e qualquer pessoa usando o navegador pela primeira vez saberá o que os ícones significam, sem explicações. Se você espiasse designers visuais, provavelmente ouviria uma conversa assim: "O contraste de cores nesses ícones é muito claro para ser legível, e se incluirmos texto, vamos centralizá-lo abaixo do ícone em vez de acima."

» **Designers de interação** lidam principalmente com interações e animações baseadas em inserções e situações do usuário. Inicialmente, o design de interação era limitado às interações de teclado e mouse; mas hoje os sensores de toque em dispositivos móveis criaram muitas outras interações potenciais do usuário. O designer de interação pensa em como usar a melhor interação para que o usuário complete uma tarefa com a maior facilidade possível. Por exemplo, pense em conferir seu e-mail em seu smartphone. Por muitos anos, a interação tradicional era ver uma lista de mensagens, clicar em uma delas e então em um botão de responder, sinalizar, encaminhar ou apagar. Em 2013, os designers de interação repensaram a interação do app de e-mail e criaram uma interação para que os usuários pudessem deslizar o dedo para a esquerda ou direita para apagar ou responder mensagens em vez de ter que clicar em vários menus. Se você espiasse designers de interação, provavelmente ouviria uma conversa assim: "Enquanto os usuários navegam com nossos aplicativos de mapas, em vez de nos informar que estão perdidos clicando ou deslizando o dedo, talvez pudessem agitar o telefone e nós instantaneamente faríamos com que um especialista em localização os contatasse."

DICA

Se criar um app fosse como fazer um filme, os designers seriam os roteiristas.

FIGURA 10-3: Jonathan Ive, gerente superior de design da Apple, é creditado pelo design bem-sucedido da Apple.

Codificando com desenvolvedores de front-end e back-end

Após a conclusão do design, os desenvolvedores de front-end e back-end o tornam real. Desenvolvedores de front-end, como Mark Otto e Jacob Thornton (veja a Figura 10-4), codificam em HTML, CSS e JavaScript, e convertem o design em interface de usuário. Esses desenvolvedores escrevem o mesmo código que você aprendeu ao longo deste livro, e garantem que o site seja consistente em dispositivos (desktop, laptops e móveis), navegadores (Chrome, Firefox, Safari, e assim por diante) e sistemas operacionais (Windows, Mac etc.). Todos esses fatores, especialmente o aumento da adoção dos dispositivos móveis, resultam em milhares de combinações que devem ser codificadas e testadas, porque cada dispositivo, navegador e sistema operacional processa HTML e CSS de forma diferente.

FIGURA 10-4: Mark Otto e Jacob Thornton criaram o Bootstrap, o principal framework de front-end.

DICA

Se criar um app fosse como fazer um filme, os desenvolvedores de front-end seriam os atores.

Os desenvolvedores de back-end, como Yukihiro Matsumoto (veja a Figura 10-5), adicionam funcionalidades à interface do usuário criada pelos desenvolvedores de front-end. Desenvolvedores de back-end são responsáveis por tudo que é invisível para o usuário, e por manter os bastidores para o produto funcionar como o esperado. Desenvolvedores de back-end usam linguagens de servidor, como Python, PHP e Ruby, para acrescentar lógica ao que o conteúdo exibe, quando e para quem. Além disso, usam bancos de dados para armazenar dados do usuário e criam servidores para enviar todo esse código aos usuários.

FIGURA 10-5: Yukihiro Matsumoto criou o Ruby, uma linguagem de servidor popular usada para criar sites.

DICA

Se a criação de um app fosse como fazer um filme, os desenvolvedores de back-end seriam os cineastas, coordenadores de dublês, maquiadores e cenografistas.

Gestão com gerentes de produto

Os gerentes de produto ajudam a definir o produto a ser construído e gerenciam seu processo de desenvolvimento. Quando as equipes de engenheiros são pequenas (até quinze pessoas), a comunicação, as funções e a divisão de tarefas são administradas internamente com facilidade, sem muita supervisão formal. À medida que as equipes crescem, a sobrecarga de todos se comunicando também aumenta, e sem um processo definido pode se tornar incontrolável, levando a ruídos e perda de prazos. Os gerentes de produto atuam diminuindo a sobrecarga da comunicação; e, ao surgirem problemas, à medida que os produtos são construídos, decidem estender prazos, reduzir o escopo ou adicionar mais recursos à equipe. Muitas vezes, os gerentes de produto são ex-engenheiros, e têm uma vantagem natural para resolver os desafios técnicos que surgem; mas profissionais menos técnicos também podem assumir o papel com sucesso. Usualmente, nenhum engenheiro passa informações ao gerente de produto, o que gera alguns comentários sobre os gerentes de produto terem "toda a responsabilidade e nenhuma autoridade". Um gerente de produto que tem grande responsabilidade e autoridade é Sundar Pichai, originalmente responsável pela barra de ferramentas do Google, e que foi recentemente nomeado para supervisionar muitos dos produtos do Google, incluindo pesquisa, Android, Chrome, maps, ads e Google+. (Veja a Figura 10-6.)

174   PARTE 3 **Criando um Aplicativo Web**

FIGURA 10-6: Sundar Pichai supervisiona quase todos os principais produtos do Google.

Teste com garantia de qualidade

O teste é o último passo da jornada depois que um app ou site foi construído. Como resultado das muitas mãos que ajudaram na produção, o produto recém-criado, inevitavelmente, terá erros. São feitas listas de todas as tarefas e fluxos de usuários principais do aplicativo, e os testadores humanos, junto com programas automatizados, passam pelas listas reiteradamente em diferentes navegadores, dispositivos e sistemas operacionais para encontrar erros. Os testadores compilam as falhas e as enviam de volta aos desenvolvedores, que priorizam quais solucionar primeiro. As escolhas são sempre feitas considerando quantos usuários serão afetados pelos erros, o tempo que precisará para consertá-los e o tempo até que o produto seja lançado. As principais falhas são corrigidas imediatamente, e as pequenas, agendadas para serem reparadas com atualização ou lançadas mais tarde. Hoje, as empresas também contam com sistemas de feedback e coletam relatórios de erros dos usuários, com formulários de feedback e, em alguns casos, através de relatórios automatizados.

> **NESTE CAPÍTULO**
> » Dividindo um app em peças ou etapas menores
> » Usando código de várias fontes para executar essas etapas
> » Criando designs de app ao revisar e melhorar as soluções existentes

Capítulo **11**

Pesquisando Seu Primeiro Aplicativo Web

Se soubéssemos o que estamos fazendo, não seria chamado de pesquisa.

— ALBERT EINSTEIN

Com os requisitos básicos definidos, o próximo passo é pesquisar como construir o aplicativo. Apps consistem em duas partes principais: funcionalidade e formato (design). Para cada uma dessas partes, você deve:

» **Dividir o app em etapas:** Embora seja uma boa prática dividir tudo o que estiver construindo em etapas, dividir um app em partes gerenciáveis é uma necessidade absoluta para grandes projetos de software com muitas pessoas trabalhando em múltiplas equipes.

» **Pesquisar cada etapa:** Ao fazer sua pesquisa, a primeira questão a se fazer é se deve construir uma solução ou usar alguma já pronta. Construir a própria solução comumente é a melhor maneira de atender diretamente as suas necessidades, mas leva tempo; enquanto implementar a solução de alguém é rápido, mas pode lhe atender apenas parcialmente.

» **Escolher uma solução para cada etapa:** Você deve ter todas as soluções selecionadas antes de escrever qualquer código. Para cada etapa, decida se vai escrever o próprio código ou usar um pré-construído. Se não escrever o próprio código, compare algumas opções para que escolha com confiança.

Dividindo o App em Etapas

O maior desafio em dividir um app em etapas é saber o quão grande ou pequena deve ser cada uma. O segredo é se certificar de que cada etapa seja distinta e autônoma. Para testar se tem o número ideal de etapas, pergunte a si mesmo se outra pessoa conseguiria resolvê-las e completá-las com orientação mínima.

Encontrando a funcionalidade de seu app

Lembre-se de que o McDuck's queria incentivar visitas ao restaurante usando um aplicativo web que mandasse um cupom de oferta aos clientes que estivessem por perto. Para facilitar o trabalho, você deve criar o app para os clientes visitarem apenas uma loja.

Seu primeiro passo é dividir esse app em etapas necessárias para que funcione. Elas não devem ser muito específicas: pense nelas em termos gerais, como se explicasse o processo a uma criança. Com caneta e papel, escreva-as em ordem. Não se preocupe se as etapas estão corretas, sua habilidade melhorará com prática e tempo. Para ajudá-lo a começar, aqui estão algumas dicas:

» Suponha que o app do McDuck's será ativado quando o cliente pressionar seu botão para fazer check-in em uma loja.

» Quando o botão for pressionado, quais são os dois locais de que o app precisa ter consciência?

» Quando o app estiver ciente desses locais, qual cálculo em relação a eles deve ser computado?

» Após computar esse cálculo, que resultado deverá ser mostrado?

Agora preencha sua lista, e não continue a ler até que a tenha completado.

Encontrando a funcionalidade de seu app: Minha versão

A seguir está a minha versão das etapas necessárias para tornar o app funcional conforme as especificações do McDuck's. Minhas etapas podem diferir das suas, é claro, e essa variação é completamente normal. A lição importante aqui é que entenda por que cada etapa é necessária para que o app funcione:

1. **O cliente pressiona um botão no app.**

As instruções acima dizem para iniciar o app pressionando um botão. Dito isso, há duas formas para rodá-lo:

- *Executar continuamente as etapas em segundo plano, verificando regularmente a localização do cliente.* Atualmente, essa técnica consome excessivamente a bateria, o que não é recomendado.
- *Executar as etapas somente após o cliente abrir o aplicativo.*

2. **Após pressionar o botão, encontre a localização atual do cliente.**

A localização do cliente é uma das duas que você precisa identificar. A localização do cliente não é estática, então se altera, por exemplo, quando o cliente está andando ou dirigindo.

3. **Encontre a localização da loja do McDuck's.**

A localização do McDuck's é a outra que precisa identificar. Como isso é um piloto, você só precisa identificar a localização de um restaurante, uma localização estática, que não muda. Hipoteticamente, supondo que o piloto seja bem-sucedido e que o McDuck's queira implementar o app para usuários visitando os 35 mil restaurantes, você teria que rastrear muitas outras localizações. Além disso, em um lançamento maior, as localizações teriam que ser atualizadas regularmente, conforme novos restaurantes são abertos e os existentes se mudam ou fecham.

4. **Calcule a distância entre a localização do cliente e o McDuck's, e a nomeie como** *Distância do Cliente*.

Essa etapa calcula a distância do cliente em relação ao McDuck's. Uma complexidade a saber — mas não se preocupe com isso por agora — é a direção em que o cliente se move. Embora o McDuck's não tenha especificado se quer exibir ofertas para clientes indo para ou se afastando da loja, pode ser uma pergunta útil a se fazer, de qualquer maneira.

5. **Converta de cinco a dez minutos do caminho do cliente em uma distância chamada de** *Distância Limiar*.

Duck Corleone, o CEO do McDuck's, quer atingir os clientes que estão de cinco a dez minutos da loja. A distância, nesse sentido, pode ser medida tanto em tempo quanto em unidades de distância, como milhas. Por uma questão de consistência, no entanto, converta tempo em distância — traduza esses de cinco a dez minutos em milhas. O número de milhas percorridas nesse tempo varia em função do meio de transporte e da localização, porque de cinco a dez minutos no trânsito da cidade do Rio de Janeiro equivale a uma distância menor do que de cinco a dez no de Petrópolis.

6. **Se a Distância do Cliente for menor que a Distância Limiar, então lhe mostre uma oferta.**

   Seguindo as especificações do McDuck's, o app atrairia clientes para irem à loja, e, portanto, somente mostraria ofertas a clientes que estivessem próximos ao restaurante. Outra complexidade a saber — mas que também não é uma preocupação por agora — é que a Distância do Cliente pode se alterar rapidamente. Clientes viajando de carro entram e saem facilmente da Distância Limiar em um minuto. A Figura 11-1 mostra os clientes que queremos atingir em relação à localização estática do restaurante.

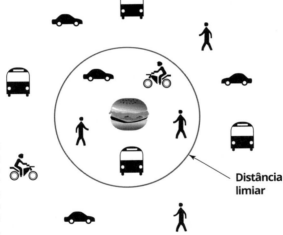

FIGURA 11-1: Clientes que queremos atingir baseados na localização estática do restaurante.

LEMBRE-SE Muitos erros de lógica de software acontecem nessa fase, porque o programador esquece de incluir uma etapa. Separe um tempo conferindo as etapas e entendendo por que cada uma delas é essencial e essa lista de etapas é o básico para que o app opere.

Encontrando o formato de seu app

Depois de definir o que seu app fará, você deve encontrar a melhor maneira de apresentar sua funcionalidade aos usuários. Há muitos jeitos de os usuários interagirem com a funcionalidade de seu aplicativo, portanto, escolher a abordagem ideal pode ser complicado. Desenhar um app pode ser divertido e gratificante, mas é um trabalho árduo. Após a primeira iteração do design de um app, comumente os desenvolvedores ficam decepcionados: os usuários raramente usarão o produto como previsto e acharão muitas partes do app confusas. Isso é natural — especialmente porque, nessa fase, você cria algo ou faz com que o usuário faça algo que não fez antes. Sua única opção é continuar tentando, testando, modificando e criando novos designs até que seu app seja simples para qualquer um usar. Embora o iPod seja um hardware, a abordagem da Apple para aperfeiçoá-lo foi basicamente a mesma. A Figura 11-2 mostra como o design se transforma ao longo do tempo, como o layout do botão mudando do círculo clicável original para botões horizontais individuais e, finalmente, de volta ao círculo.

FIGURA 11-2: O design do iPod da Apple mudou após muitos produtos lançados.

1ª geração   2ª e 3ª geração   4ª geração
4ª geração/colorido   5ª geração, com vídeo   Clássico

A lista a seguir descreve o processo básico de design para criar a aparência e as impressões de seu app:

1. Defina os objetivos principais de seu app.

Se estivesse em uma festa, e tivesse que explicar em uma frase o que seu app faz, qual seria? Alguns apps o ajudam a pedir um táxi, reservar uma mesa em um restaurante ou um voo. Como se sabe, o objetivo do iPod era colocar 1.000 músicas no seu bolso, disponíveis a três cliques, o que gerou uma interface de usuário fácil de usar. Um objetivo explicitamente definido será sua estrela-guia, ajudando-o a resolver questões e motivando-o a continuar tentando.

CAPÍTULO 11 **Pesquisando Seu Primeiro Aplicativo Web**   181

2. **Divida esses objetivos em tarefas.**

    Cada objetivo é a soma de muitas tarefas, e listá-los o fará projetar o caminho mais curto para concluir cada tarefa e, por fim, o objetivo. Por exemplo, se o objetivo de seu app for reservas de voos para o usuário, o app precisará registrar horários e destinos de voos desejados, procurar e selecionar voos que partem nesses horários, registrar informações pessoais e de pagamento, mostrar assentos e confirmar o pagamento do voo. Às vezes, os designers vão dividir as tarefas por persona do usuário, outro nome para a pessoa que completa a tarefa. Por exemplo, esse app pode ser usado por passageiros a negócios ou lazer. Passageiros a lazer podem precisar fazer pesquisas maciças e selecionar voos com base no preço, enquanto passageiros a trabalho costumam reservar e escolher voos com base nos horários.

3. **Pesquise fluxos e interações necessárias para realizar as tarefas.**

    Por exemplo, nosso app de voos exige que o usuário selecione datas e horários. Uma questão imediata é se a data e o horário devem ser dois campos diferentes ou um, e estarem ou não na mesma tela de destino. Tente esboçar o que lhe parece intuitivo e pesquise como os outros resolveram esse problema. Você pode usar o Google para encontrar outros apps de viagens, listar os vários designs e escolher ou melhorar o que mais gostar. A Figura 11-3 mostra duas abordagens diferentes para buscar voos. Da mesma forma, você pode buscar sites especializados em design, como em www.dribbble.com, [conteúdo em inglês] para procurar portfólios de designers, para recursos e comentários.

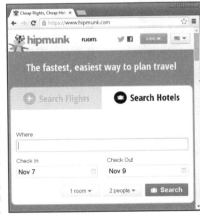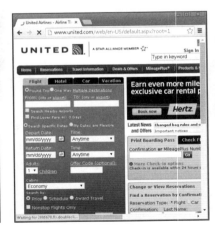

FIGURA 11-3: Diferentes designs para reservas de voos em Hipmunk.com e United Airlines.

4. **Crie designs básicos, chamados de *wireframes*, e colete feedback.**

Wireframes, mostrados na Figura 11-4, são desenhos de sites com poucos detalhes, que mostram estruturalmente como o conteúdo do site e sua interface interagem. Wireframes são simples de criar, mas devem ter detalhes suficientes para obter feedback dos outros. Muitas ferramentas de wireframe usam um desenho semelhante a um feito a caneta, para que as pessoas critiquem com base na imagem estrutural maior em vez de em pequenos detalhes, como cores de botões ou espessuras de bordas. Nessa fase, o feedback para refinar o design é crucial porque o primeiro wireframe provavelmente não atenderá às principais preocupações dos usuários e tornará mais complexas as tarefas que precisam fazer.

DICA

À medida que os dispositivos móveis aumentam sua popularidade em relação aos desktops, lembre-se de criar versões móveis além de desktop de seus wireframes.

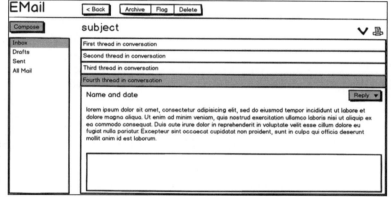

FIGURA 11-4: Um wireframe para um cliente de e-mail.

5. **Crie mock-ups e colete mais feedback. (Veja a Figura 11-5.)**

Após conversar com seus clientes e usuários, é hora de criar mock-ups, que são visualização de sites de alta fidelidade. Esses designs têm todos os detalhes de que um desenvolvedor precisa para criar sites, incluindo layout final, cores, imagens, logos e sequências de telas para mostrar quando os usuários interagem com a página. Após criar um mock-up, colete mais feedback.

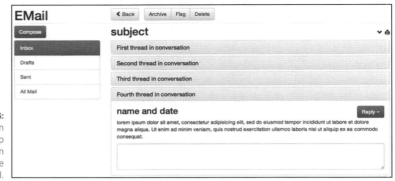

FIGURA 11-5:
Um mock-up para um cliente de e-mail.

DICA

Parece desnecessário coletar feedback a cada estágio do processo de design, mas é muito mais fácil explorar diferentes designs e fazer mudanças antes que qualquer código seja escrito.

6. **Envie o arquivo final aos desenvolvedores.**

Depois que o mock-up for criado e aprovado, você comumente envia um arquivo final de imagem aos desenvolvedores. Embora esse arquivo esteja em qualquer formato de imagem, como PNG ou JPG, o formato mais popular usado pelos designers é o PSD, criado com o Adobe Photoshop.

Encontrando o formato de seu app: O design do app de ofertas do McDuck's

Nesta seção, você segue o processo de design descrito nas seções anteriores para criar um design simples para app de ofertas do McDuck's. Como parte do design, você deve fazer o seguinte:

1. **Defina os principais objetivos de seu app.**

   O principal objetivo do McDuck's é usar as ofertas para atrair clientes ao restaurante.

2. **Divida esses objetivos em tarefas.**

   Os clientes precisam ver a oferta, ir até a loja e usá-la.

3. **Pesquise fluxos e interações necessários para concluí-las.**

   Como essa é a primeira iteração do app, vamos nos concentrar apenas em possibilitar que o cliente veja a oferta.

   Uma função que o McDuck's não especificou é a possibilidade de salvar os cupons de uso único ou de compartilhar os de uso geral. Entretanto, ao observar outros apps, como o da Figura 11-6, essas necessidades se tornam óbvias. Além disso, alguns apps similares permitem que os clientes *comprem* cupons — talvez essa funcionalidade também seja boa de adicionar. Essas seriam excelentes questões para apresentar posteriormente ao McDuck's.

FIGURA 11-6: Exemplo de fluxo de apps de negócios e ofertas atualmente no mercado.

Os apps da Figura 11-6 também exibem vários botões de "chamada para ação" para o usuário antes de exibir a oferta. Alguns apps pedem ao usuário para fazer check-in, outros, que comprem um cupom e outros, ainda, mostram um conjunto de cupons novos ou em alta no dia.

Por agora, para simplificar, vamos supor que nosso app do McDuck's tenha um botão que permite aos clientes fazerem check-in em sua localização favorita do McDuck's e que, quando clicado dentro da distância definida, exiba um cupom de uso geral que os clientes recebem gratuitamente.

4. **Crie designs básicos, chamados de wireframes, e colete feedback.**

   Um exemplo de design para o app, baseado na aparência e impressão de outros, é mostrado na Figura 11-7.

FIGURA 11-7: Um exemplo de wireframe para o app de ofertas do McDuck's.

CAPÍTULO 11 **Pesquisando Seu Primeiro Aplicativo Web** 185

5. **Crie mock-ups e colete mais feedback.**

Normalmente, você criaria *mock-ups*, designs mais elaborados, com imagens reais, dos wireframes e os apresentaria aos clientes para obter feedback. Nesse caso, porém, o app é simples o suficiente para que comece a codificá-lo.

Identificando Fontes de Pesquisa

Agora que sabe *o que* seu app fará, pode se concentrar em *como* ele o fará. Após dividir seu app em etapas, você as segue para determinar como concluí-lo. Para apps mais complexos, os desenvolvedores decidem qual desses dois métodos é o melhor para completar cada etapa:

» **Construir código do zero:** Essa é a melhor opção se a funcionalidade em uma etapa particular for única ou estrategicamente importante, o carro-chefe
 do app, e as soluções existentes forem dispendiosas ou não existirem. Aqui, você e os desenvolvedores de sua empresa escrevem o código.

» **Comprar ou usar uma solução já existente:** Essa é a melhor opção se a funcionalidade em uma etapa particular for comum, uma área do app que não é técnica e as soluções existentes tiverem preços competitivos. Aqui, você e os desenvolvedores trabalhando no app usam código escrito por terceiros.

Uma empresa que recentemente tomou essa decisão — pública e dolorosamente — foi a Apple, com seu produto Maps. Em 2012, após anos usando o Google Maps em seus dispositivos móveis, a Apple decidiu apresentar o próprio aplicativo de mapas, que estava sendo desenvolvido há dois anos. Embora o Maps da Apple, construído internamente, de início tenha sido um fracasso, a Apple decidiu produzi-lo porque considerava os recursos de mapeamento estrategicamente importantes e opções de navegação passo a passo não estavam disponíveis entre as soluções fornecidas pelo Google.

Independente de construir ou comprar, a pesquisa é sua próxima etapa. Aqui estão algumas fontes a considerar quando a fizer:

» **Mecanismos de busca:** Use o Google.com ou outro mecanismo de busca para digitar o que estiver tentando realizar em cada etapa. Um desafio pode ser descobrir como os programadores se referem à tarefa em questão. Por exemplo, se quiser descobrir minha localização atual, posso escrever *mostrar minha localização em um app* em um mecanismo de busca, mas isso resultará em uma lista de apps de compartilhamento de localização. Depois de ler alguns dos dez principais resultados, descubro que o rastreamento de localização também é chamado de *geolocalização*. Ao procurar por geolocalização, os principais resultados incluem muitos exemplos de códigos que mostram minha localização atual.

DICA

Para mais buscas genéricas por exemplos de código, tente incluir o nome da linguagem computacional e a palavra *sintaxe*. Por exemplo, se quiser inserir uma imagem em uma página, busque *sintaxe de imagem em HTML* para exemplos de código.

» **Principais apps comerciais de fonte aberta:** Examinar como os outros construíram seus apps lhe dá ideias de como melhorar o que já existe e de aprimorar a tecnologia existente ao limite para conseguir um resultado interessante. Por exemplo, digamos que deseje construir um app móvel que reconheça anúncios de TV a partir de sua "impressão digital de áudio" e direcione os espectadores para uma página de produto em um dispositivo móvel. Para criá-lo, você poderia construir a própria tecnologia de impressão digital de áudio, que provavelmente levaria meses ou mais para ficar pronta, ou fazer uma parceria com o Shazam, um aplicativo comercial, ou o Echoprint, um serviço de código aberto de impressão digital de músicas. Qualquer aplicativo pode gravar uma amostra de áudio de 10 a 20 segundos, criar uma impressão digital após suplantar o ruído de fundo e a baixa qualidade do microfone, comparar a impressão digital em grandes bancos de dados de áudio e identificá-la.

» **Jornais e blogs do setor:** Jornais tradicionais, como o *Wall Street Journal*, e blogs de tecnologia, como o TechCrunch.com, relatam sobre as últimas inovações tecnológicas. Ler ou fazer buscas com regularidade nesses sites é uma boa maneira de encontrar outros que lançaram apps em seu espaço.

» **Diretórios de API:** Você pode facilmente pesquisar milhares de APIs para a funcionalidade que precisa implementar. Por exemplo, se estivesse criando um app que usa reconhecimento facial em vez de senha, poderia buscar por *APIs de detecção facial* e usar um em vez de tentar construir um algoritmo de detecção facial do zero. Diretórios populares de API incluem `www.programmableweb.com` e `www.mashape.com` [conteúdos em inglês].

DICA

Como discutido no Capítulo 9, APIs são a maneira de você solicitar e receber dados de outros programas de um jeito estruturado, previsível e documentado.

» **Sites de codificação gerada pelo usuário:** Desenvolvedores de diferentes empresas costumam enfrentar as mesmas dúvidas sobre como implementar funcionalidades para recursos. Comunidades de desenvolvedores online compartilham problemas e contribuem com códigos para que qualquer pessoa possa ver como essas questões já foram solucionadas. Você pode participar desses diálogos e ver códigos que outros desenvolvedores escreveram em `www.stackoverflow.com` e `www.github.com` [conteúdos em inglês].

CAPÍTULO 11 **Pesquisando Seu Primeiro Aplicativo Web**   187

Pesquisando as Etapas para o App de Ofertas do McDuck's

Para implementar a funcionalidade no app de ofertas do McDuck's, você o divide em seis etapas usando português simples. Agora, pesquise como pode converter essas etapas em código usando os recursos listados na seção anterior. Seu app vai exigir HTML para colocar conteúdo na página, CSS para aplicar estilo àquele conteúdo e JavaScript para mais efeitos interativos. Faça seu melhor para pesquisar cada etapa sozinho, escreva algumas respostas encontradas e, em seguida, veja as sugestões de código na próxima seção:

» **"O cliente pressiona um botão no app"**: Esse código cria um botão que desencadeia todas as etapas subsequentes. Criar um botão em uma página é uma tarefa muito comum, o que reduz a busca por *tag para botão em HTML*. Confira alguns dos links nos dez principais resultados de busca e escreva a sintaxe da tag HTML para criar um botão que diga "Check-in no McDuck's".

DICA

Em seus resultados de pesquisa, sites como `w3schools.com` são desenhados para iniciantes, e incluem exemplos de códigos e explicações simples.

» **"Após pressionar o botão, encontre a localização atual do cliente"**: Em linguagem web, a localização de um usuário se chama *geolocalização*. Eu lhe darei o código de geolocalização do JavaScript, junto com uma explicação de como ele funciona e onde o encontrei. Para desencadear seu código JavaScript, você precisa adicionar um atributo à tag HTML do botão para ativar uma função JavaScript chamada `getlocation()`.

Como descrito no Capítulo 4, os atributos HTML são inseridos na tag HTML de abertura.

DICA

Pesquise por *botão HTML botão on click JavaScript* para descobrir como inserir o atributo `onclick` ao código de seu botão HTML. Revise os resultados de pesquisa e, em seguida, anote a sintaxe HTML para ele.

» **"Encontre a localização estática de uma loja McDuck's"**: Você vai precisar de um endereço real para funcionar como o de uma loja do McDuck's. Use um aplicativo de mapeamento, como o `maps.google.com`, para encontrar o endereço de um fast-food próximo a você. Os computadores comumente apresentam endereços físicos com números de latitude e longitude em vez de endereços de ruas. Você pode buscar sites que convertem endereços em latitude e longitude, ou, se estiver usando o Google Maps, encontra os números na URL, como mostra a Figura 11-8. O primeiro número após o sinal @ e até a vírgula é a latitude, e o segundo, entre as duas vírgulas, a longitude. A Figura 11-8 mostra uma loja do McDonald's em Nova York; a latitude é 40.7410344 e a longitude, -73.9880765.

Rastreie os números de latitude e longitude para os fast-foods de sua escolha, com até sete casas decimais, e escreva-os em um pedaço de papel.

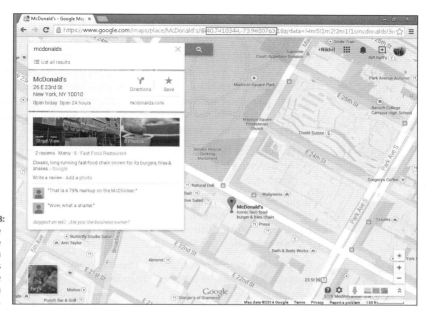

FIGURA 11-8:
Latitude e longitude de um McDonald's na cidade de Nova York.

DICA

Inclua um sinal de negativo, se vir um, e as sete casas decimais para obter mais precisão.

» **"Calcule a distância entre a localização do cliente e o McDuck's e a nomeie como *Distância do Cliente*":** Latitude e longitude são coordenadas que representam a localização em uma esfera. A distância ao longo da superfície de uma esfera entre dois conjuntos de coordenadas de latitude e longitude é calculada com a fórmula de Haversine. Você encontra uma versão em JavaScript da fórmula em `stackoverflow.com/questions/27928/how-do-i-calculate-distance-between-two-latitude-longitude-points` [conteúdo em inglês]. Essa é a fórmula que será usada para calcular as distâncias ao criar o app do McDuck's, e incluirei esse código para você.

DICA

Não se atenha aos detalhes de como funciona a Haversine. A abstração é um conceito importante de se lembrar ao programar, e isso basicamente significa que, desde que entenda as inserções e saídas de um sistema, você não precisa de fato entendê-lo, assim como não precisa entender os mecanismos de engenharia de combustão interna para dirigir um carro.

» **"Converta de cinco a dez minutos do percurso do cliente em uma distância chamada de *Distância de Limiar*":** Usando o meio de transporte mais comum em sua cidade, anote os números de milhas que é possível percorrer, em média, de cinco a dez minutos.

» **"Se a Distância do Cliente for menor que a Distância Limiar, então lhe mostre uma oferta":** As duas peças para pesquisa para essa etapa são a

CAPÍTULO 11 **Pesquisando Seu Primeiro Aplicativo Web**   189

sentença condicional, que decide quando mostrar a oferta ao consumidor, e a oferta real:

- *A sentença condicional:* Escrita em JavaScript usando uma sentença if-else. Se o cliente estiver dentro da Distância Limiar, a oferta será exibida; caso contrário (else), outra imagem será mostrada. Para revisar a sintaxe if-else, pesquise no Google, ou em outro mecanismo de busca, por *sintaxe da sentença JavaScript if-else* (ou vá ao Capítulo 9 para rever a explicação sobre a sintaxe da sentença if-else).

- *A oferta a ser mostrada ao consumidor:* A maneira mais fácil de mostrar uma oferta é usar JavaScript alert(). Pesquise por *sintaxe de alerta JavaScript*.

Depois de ter conduzido suas pesquisas, anote sua sentença if-else com um texto alert() para um hambúrguer grátis se o cliente estiver na Distância Limiar e com um texto alert() notificando aos clientes que fizeram check-in.

DICA

Quando tem uma sentença if-else operando, você pode posicionar o texto alert() com uma imagem. Pesquisa http://images.google.com para obter uma imagem de cupom de hambúrguer. Após encontrá-la, clique com o botão esquerdo sobre ela na grade dos resultados de pesquisa e então no botão Ver imagem. Quando a imagem carregar, o link direto para ela estará na URL na barra de endereços do navegador. O código para inserir a imagem é mostrado no Capítulo 4.

Escolha uma Solução para Cada Etapa

Com sua pesquisa concluída, é hora de encontrar a melhor solução. Se existirem várias para cada etapa, agora precisa escolher uma. Para ajudá-lo, pese suas soluções em vários fatores, como estes:

» **Funcionalidade:** O código que escreveu ou a solução pré-construída que encontrou faz tudo o que precisa?

» **Documentação:** Existe documentação para a solução pré-construída, como instruções ou um manual, bem escrita e com exemplos?

» **Comunidade e suporte:** Se algo der errado ao escrever seu código, há uma comunidade para a qual pedir ajuda? Da mesma forma, a solução pré-construída tem opções de suporte para recorrer, se necessário?

> **Facilidade na implementação:** A implementação é tão simples como copiar algumas linhas de código ou é necessária uma configuração mais complexa ou instalação de outros softwares de suporte?
>
> **Preço:** Toda solução tem um preço, seja o tempo gasto codificando a própria solução ou o dinheiro pago pelo código pré-construído de alguém. Pense cuidadosamente se seu tempo ou dinheiro é mais importante nessa fase.

A seguir estão soluções sugeridas para perguntas anteriores da pesquisa pelo app de ofertas do McDuck's. Suas respostas podem variar, então reveja as respostas para descobrir em que seu código difere do meu:

> **"O cliente pressiona um botão no app":** A sintaxe da tag HTML que cria um botão que diz: "Check-in no McDuck's" é:
>
> ```
> <button>Check-in no McDuck's</button>
> ```
>
> A sintaxe para botões em HTML está disponível em `www.w3schools.com/tags/tag_button.asp`.

> **"Após o cliente pressionar o botão, encontre sua localização":**
> A sintaxe HTML para o código de seu botão é:
>
> ```
> <button onclick="getLocation()">Check-in no McDuck's</button>
> ```
>
> A sintaxe para ativar uma função JavaScript ao pressionar um botão está disponível em `www.w3schools.com/jsref/event_onclick.asp`.

> **"Encontre a localização da loja do McDuck's":** Escolhi uma loja do McDonald's em Nova York perto do Madison Square, cuja latitude é 40.7410344 e longitude, -73.9880763. A latitude e a longitude para seu restaurante, é claro, será diferente.
>
> **"Calcule a distância entre a localização do cliente e o McDuck's, e a nomeie como Distância do Cliente":** A seguir está o código real para a fórmula Haversine, usado para calcular a distância entre duas coordenadas de localização, encontradas no Stackoverflow, em `stackoverflow.com/questions/27928/how-do-i-calculate-distance-between-two-latitude-longitude-points`. Modifiquei um pouco esse código para mostrar milhas em vez de quilômetros:
>
> ```
> function getDistanceFromLatLonInKm(lat1,lon1,lat2,lon2) {
>   var R = 6371; // Radius of the earth in km
>   var dLat = deg2rad(lat2-lat1); // deg2rad below
>   var dLon = deg2rad(lon2-lon1);
>   var a =
>     Math.sin(dLat/2) * Math.sin(dLat/2) +
>     Math.cos(deg2rad(lat1)) * Math.cos(deg2rad(lat2)) *
> ```

```
        Math.sin(dLon/2) * Math.sin(dLon/2)
        ;
    var c = 2 * Math.atan2(Math.sqrt(a), Math.sqrt(1-a));
    var d = R * c * 0.621371; // Distance in miles
    return d;
}
function deg2rad(deg) {
    return deg * (Math.PI/180);
}
```

DICA

Uma explicação de como essa fórmula funciona está fora dos propósitos deste livro, mas certifique-se de entender as inserções da fórmula (latitude e longitude) e as saídas (a distância entre dois pontos em milhas).

» **"Converta de cinco a dez minutos do percurso do cliente em uma distância chamada de *Distância Limiar"*:** Na cidade de Nova York, as pessoas costumam caminhar, então um percurso de cinco a dez minutos equivale a 0,5 milha, que é minha Distância Limiar.

» **"Se a Distância do Cliente for menor que a Distância Limiar, então lhe mostre uma oferta":** A sintaxe para a sentença `if-else` com dois métodos `alert()` é:

```
If (distance < 0.5) {
    alert("Você ganhou um hambúrguer");
}
else {
    alert("Obrigado por fazer check-in!");
}
```

DICA

A sintaxe para a sentença de JavaScript `if-else` está disponível em www.w3schools.com/js/js_if_else.asp.

NESTE CAPÍTULO

» Revisando códigos para descobrir funcionalidades já existentes

» Escrevendo o código seguindo as etapas para criar seu app

» Depurando seu código procurando erros comuns de sintaxe

Capítulo **12**

Codificando e Depurando Seu Primeiro App Web

Falar é fácil. Mostre-me o código.

— LINUS TORVALDS

Pode não parecer, mas você já fez a maior parte do trabalho para criar seu primeiro app web. Dividiu, dolorosamente, seu app em etapas para definir funcionalidade e design. Como Linus Torvalds, criador do sistema operacional Linux, disse: "Falar é fácil." Então vamos começar a codificar de verdade.

A Preparação

Antes de começar a codificar, prepare o terreno. Primeiro, certifique-se de fazer o seguinte:

» **Use o Chrome:** Baixe e instale a versão mais recente do Chrome, pois ele oferece o melhor suporte para os últimos padrões de HTML, e está disponível para download em www.google.com/chrome/browser.

» **Trabalhe em um computador desktop ou laptop:** Embora seja possível codificar em um dispositivo móvel, é mais difícil e os layouts podem não aparecer adequadamente.

» **Lembre-se de indentar seu código para facilitar a leitura:** Um dos principais erros é se esquecer de fechar tags ou chaves, e indentar seu código facilita essa identificação.

» **Lembre-se de habilitar os serviços de localização em seu navegador e computador:** Para ativá-los no Chrome, clique no ícone de configurações (os três pontos no canto superior direito do navegador) e clique em Configurações. Clique nas três barras horizontais no menu das configurações e selecione "Avançado". No menu Privacidade e segurança, logo abaixo, clique em "Configurações de conteúdo", vá até Local e deixe a opção "Perguntar antes de acessar (recomendado)" ativada. Você lê mais sobre isso em: support.google.com/chrome/answer/142065.

Para habilitar os serviços de localização em um PC, nenhuma configuração adicional é necessária, mas em um Mac, usando OS X Mountain Lion ou posterior, no menu da Apple, selecione Preferências do Sistema, então clique no ícone Segurança & Privacidade e na guia Privacidade. Clique no ícone de cadeado na parte inferior esquerda, selecione Serviços de Localização e marque Ativar Serviços de Localização. Você lê mais sobre isso em: https://support.apple.com/pt-br/ht5403.

Por fim, é preciso configurar seu ambiente de desenvolvimento. Para simular um, sem conteúdo instrucional, use o Codepen.io. O Codepen.io oferece um ambiente de desenvolvimento autônomo, que facilita o compartilhamento do seu código. Abra esta URL em seu navegador: codepen.io/nabraham/pen/ExnsA [conteúdo em inglês].

Codificando Seu Primeiro App Web

Com o URL do Codepen.io carregado, vamos revisar o ambiente de desenvolvimento, o código pré-escrito e os passos de codificação para você seguir.

Ambiente de desenvolvimento

O ambiente de desenvolvimento do Codepen.io, mostrado na Figura 12-1, tem três painéis de codificação, para HTML, CSS e JavaScript. Há também um painel de visualização para ver os resultados de sua codificação em tempo real.

Usando o botão na parte inferior da tela, você pode ocultar os painéis de codificação que não estiver usando e alterar seu layout.

Inscrever-se no Codepen.io é completamente opcional, mas lhe permite fazer *fork* ou salvar o código que escreveu e compartilhá-lo com os outros.

FIGURA 12-1: O ambiente de desenvolvimento do Codepen.io.

Código pré-escrito

O ambiente de desenvolvimento do Codepen.io inclui códigos pré-escritos de HTML, CSS e JavaScript para o app do McDuck's. O código pré-escrito inclui o código que viu nos capítulos anteriores e um novo, explicado a seguir:

» **HTML:** O código HTML para o app do McDuck's está a seguir, e inclui:

- Duas seções: uma tag de abertura <head> e uma tag <body> de abertura e fechamento.

- Dentro das tags <body> há tags <h1>, para criar um título, e tags <div>.

- Tags <div> adicionais exibem mensagens criadas no arquivo JavaScript. A tag <div> é um contêiner que engloba qualquer tipo de conteúdo. A primeira tag <div> é usada para mostrar sua longitude e latitude atuais. A segunda tag <div>, para exibir conteúdo adicional para o usuário.

CAPÍTULO 12 **Codificando e Depurando Seu Primeiro App Web** 195

- Instruções para inserir o botão HTML e o código do atributo `onclick`, pesquisados nos capítulos anteriores.

Este é o código HTML:

```
<!DOCTYPE html>
<html>
<head>
    <title>App do McDuck's</title>
</head>
<body>
    <h1>Ofertas Locais do McDuck's</h1>
    <!--1. Create a HTML button that when clicked calls the JavaScript
        getLocation() function -->

    <!--Two containers, called divs, used to show messages to user -->

    <div id="geodisplay"/>
    <div id="effect"/>

</body>
</html>
```

» **CSS:** O código CSS para o app do McDuck's está a seguir, e inclui:

- Seletores para tags de corpo de texto, título e parágrafo.
- Propriedades e valores que definem alinhamento do texto, cor de segundo plano e família, cor e tamanho de fonte.

Uma vez que seu aplicativo esteja funcionando, aplique estilo a ele adicionando o esquema de cores e o logotipo do plano de fundo do McDuck's.

Este é o CSS:

```
body {
    text-align: center;
    background: white;
}

h1, h2, h3, p {
    font-family: Sans-Serif;
    color: black;
}

p {
    font-size: 1em;
}
```

» **JavaScript:** O código JavaScript para o app do McDuck's está a seguir. Esse código pré-escrito é um pouco complexo, porque calcula a localização atual do usuário usando uma API HTML de geolocalização. Nesta seção, reviso o código em detalhes para que entenda como funciona e de onde veio.

A API de geolocalização é um produto de bilhões de dólares de pesquisa e está disponível gratuitamente para você. Os navegadores mais recentes suportam geolocalização, embora alguns, menos modernos, não. Em um nível básico, o código é escrito para perguntar se o navegador suporta a API de geolocalização, e, se sim, retornar a localização atual do usuário. Quando ativada, a API de geolocalização equilibra uma série de dados inseridos para determinar a localização. Esses dados incluem GPS, força de conexão wireless, torre de celular e força do sinal, e endereço de IP.

Com isso em mente, vejamos o código JavaScript. Ele inclui duas funções, como se segue:

- *A função* `getLocation()`: Essa função determina se o navegador suporta a geolocalização. Ela faz isso com as sentenças `if` e `navigator.geolocation`, reconhecidas pelo navegador como parte da API de geolocalização, e que retorna um valor `true` se a geolocalização for suportada.

Esta é a função `getLocation()`:

```
function getLocation() {
    if (navigator.geolocation){
        navigator.geolocation.getCurrentPosition(showLocation);
    }
}
```

- *A função* `showLocation()`: Quando o navegador suporta geolocalização, a próxima etapa é ativar a função `showlocation`, que calcula e exibe a localização dos usuários.

Esta é a função `showLocation()`:

```
function showLocation(position){
// 2. Hardcode your store location on line 12 and 13, and update the
    comment to reflect your McDuck's restaurant address
//   Nik's apt @ Perry & W 4th St (change to your restaurant location)

var mcduckslat=40.735383;
var mcduckslon=-74.002994;

// current location
var currentpositionlat=position.coords.latitude;
var currentpositionlon=position.coords.longitude;

// calculate the distance between current location and McDuck's
    location
var distance=getDistanceFromLatLonInMiles(mcduckslat, mcduckslon,curren
    tpositionlat,currentpositionlon);
```

```
// Displays the location using .innerHTML property and the lat & long
   coordinates for your current location
document.getElementById("geodisplay").innerHTML="Latitude: " +
   currentpositionlat + "<br>Longitude: " + currentpositionlon;
}

// haversine distance formula
The rest omitted for brevity because it's shown in a previous chapter
```

A função `showLocation()` executa as seguintes tarefas:

- Atribui a longitude e a latitude do McDuck a `mduckslat` e `mduckslon` (linhas 12 e 13 do código).

- Atribui a longitude e a latitude da localização atual do cliente a `currentpositionlat` e `currentpositionlon` (linhas 16 e 17 do código).

- Calcula a distância em milhas entre aqueles pontos e a atribui à variável chamada `distance` (linha 20 do código). A fórmula Haversine calcula a distância entre dois pontos em uma esfera; neste caso, a Terra, e o código é mostrado online, mas foi omitido aqui por sua extensão.

- Após o botão ser clicado, os métodos `getElementByID` e `.innerHTML` exibem a longitude e a latitude atuais do cliente em uma tag HTML chamada de `"geodisplay"`, usando o atributo `id`.

LEMBRE-SE

As funções JavaScript são suscetíveis a caixa-alta, então `getLocation()` difere de `getlocation()`. A letra L é maiúscula na primeira função e minúscula na segunda. Da mesma forma, `showLocation()` difere de `showlocation()` pela mesma razão.

Etapas de codificação para você seguir

Com um pouco do código já escrito, e a pesquisa do capítulo anterior, siga estes passos para inserir o código:

1. Insira o código HTML `button` abaixo do atributo `onclick`, ativando a função `getLocation()` após a linha 8 no arquivo HTML.

```
<button onclick="getLocation()">Check-in no McDuck's</button>
```

Depois de inserir este código, pressione o botão. Se suas configurações de localização estiverem ativadas e se inseriu o código adequadamente, você verá uma caixa de diálogo pedindo sua permissão para compartilhar a localização de seu computador. Como mostrado na Figura 12-2, olhe para a parte superior da janela do navegador e clique em Permitir.

2. **Atualize as linhas 12 e 13 no arquivo JavaScript com a latitude e a longitude do restaurante próximo a você servindo de loja do McDuck's.**

   Depois de atualizá-las, certifique-se de alterar o comentário na linha 10 para mostrar o endereço do seu restaurante (em vez do meu apartamento).

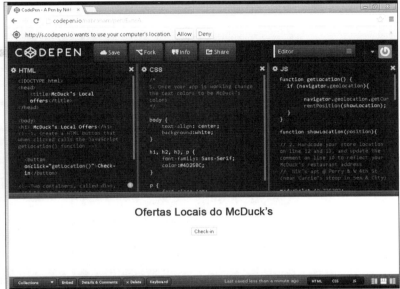

FIGURA 12-2: O navegador lhe pede permissão antes de compartilhar sua localização.

3. **Adicione um alerta que exiba a distância entre sua localização e o restaurante.**

   A variável `distance` armazena as milhas de sua localização atual até o restaurante. Faça uma estimativa aproximada — ou use um mapa para maior precisão — de sua atual distância do restaurante escolhido. Em seguida, use um alerta, mostre a distância inserindo este código abaixo da linha 23.

   ```
   alert(distance);
   ```

   Se a distância no alerta foi maior ou menor que o esperado, você provavelmente inseriu valores incorretos para a latitude ou a longitude. Se a distância corresponder, insira duas barras ("//") antes do alerta e o observe.

CAPÍTULO 12 **Codificando e Depurando Seu Primeiro App Web**   199

4. Escreva uma sentença `if-else` na linha 26 para mostrar um alerta se você estiver na Distância Limiar do restaurante.

Meu código, baseado em uma Distância Limiar de 0,5 milha, é mostrado a seguir — o seu pode variar conforme seu texto de alerta e da Distância Limiar. (Veja a Figura 12-3.)

```
if (distance < 0.5) {
    alert("Você ganhou um hambúrguer");
}
else {
    alert("Obrigado por fazer check-in!");
}
```

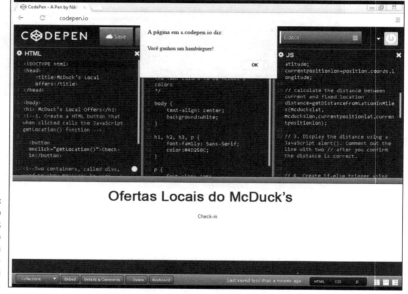

FIGURA 12-3: O app do McDuck's mostrando uma oferta para o cliente entrar na loja.

DICA

Quando a lógica de seu app estiver funcionando, altere `alert("Você ganhou um hambúrguer");` para uma imagem real de um cupom ou hambúrguer. Para isso, substitua toda a linha do alerta por este código:

```
document.getElementById("effect").innerHTML="<img src='http://www.
    image.com/
    image.jpg'>";
```

Substitua o URL após `src`, dentro das aspas simples, pela de sua imagem. Certifique-se de manter as aspas após o primeiro sinal de igual e antes do ponto e vírgula, e as apóstrofes depois do segundo sinal de igual e antes do colchete angular.

5. **(Opcional) Quando o app estiver funcionando, altere as cores do texto e insira imagens de segundo plano para tornar sua aparência mais profissional.**

Use valores hexadecimais ou nomes de cores, como discutido no Capítulo 6, para mudar as cores do texto e do segundo plano. Além disso, você pode inserir uma imagem de fundo, como fez no exercício About You, da Codecademy, usando o código a seguir (veja a Figura 12-4):

```
background-image: url("http://www.image.com/image.jpg");
```

FIGURA 12-4: O app completo do McDuck's com o conteúdo formatado exibindo uma imagem para o usuário.

Depurando Seu App

Ao codificar seu app, você quase inevitavelmente escreverá código que não se comporta como planejou. O HTML e o CSS são relativamente indulgentes, com o navegador até inserindo tags para que a página seja corretamente processada. Entretanto, o JavaScript não o é, e mesmo o menor erro, como aspas faltando, faz com que a página não seja renderizada adequadamente.

Erros em aplicativos web podem ser de sintaxe, lógica ou exibição. Considerando que trabalhamos juntos com a lógica, a culpada mais provável pelos erros em seu código será a sintaxe. Aqui estão alguns erros comuns para verificar ao depurá-lo:

» **Tags de abertura e fechamento:** No HTML, todas as tags de abertura têm uma de fechamento, e você sempre deve fechar a última tag aberta.

» **Colchetes angulares direito e esquerdo:** No HTML todo colchete angular esquerdo < tem um direito >.

» **Chaves direita e esquerda:** No CSS e no JavaScript, as chaves esquerdas devem ter uma direita. Pode ser fácil excluí-la acidentalmente ou se esquecer de incluí-la.

» **Indentação:** Indente seu código, use muitas barras e recuos para torná-lo o mais legível possível. A indentação adequada facilitará a identificação de tags, colchetes angulares e chaves faltantes.

» **Sentenças com erros ortográficos:** Tags em qualquer linguagem podem ter erros ortográficos, ou estar escritas corretamente, mas não definir nada. Por exemplo, em HTML, `<img scr="image.jpg">` está errado porque `scr` na verdade deveria ser `src` para a imagem ser processada adequadamente. Da mesma forma, no CSS, `font-color` parece estar escrito corretamente, mas essa propriedade não existe. A propriedade correta para configurar a cor da fonte é apenas `color`.

Tenha esses erros em mente ao fazer a depuração — eles não vão resolver todos os seus problemas, mas muitos deles. Se executou as etapas anteriores e ainda não conseguiu depurar seu código, envie-me um tuíte, para `@nikhilgabraham`, e inclua a hashtag `#codingFD` e seu URL do Codepen.io.

4 Ampliando Suas Habilidades

NESTA PARTE . . .

Aprenda tarefas básicas de programação em Ruby.

Escreva um programa simples em Ruby para formatar texto.

Revise a filosofia e os comandos básicos de Python.

Escreva um programa básico de cálculo em Python.

NESTE CAPÍTULO

» Entendendo os princípios e estilo do Ruby

» Atribuindo variáveis e use a sentença `if`

» Manipulando strings para consistência e formatação

Capítulo **13**

Familiarizando-se com Ruby

Espero que o Ruby ajude todos os programadores a ser produtivos, curtir a programação e ser felizes. Esse é o objetivo principal da linguagem Ruby.

— YUKIHIRO MATSUMOTO, CRIADOR DO RUBY

Ruby é uma linguagem de servidor criada por Yukihiro "Matz" Matsumoto, um desenvolvedor que buscava uma linguagem de script fácil de usar. Matsumoto é experiente em programar em outras linguagens, como Perl e Python, e, insatisfeito com ambas, criou o Ruby. Ao projetar o Ruby, o objetivo explícito de Matsumoto era "fazer os programadores felizes", e o criou para que os programadores o aprendessem e usassem com facilidade. Funcionou. Hoje, o Ruby, e praticamente um de seus frameworks, chamado de Rails, é a maneira mais popular de startups e empresas criarem rapidamente protótipos e lançarem sites na internet.

Neste capítulo, você aprenderá os fundamentos do Ruby; incluindo sua filosofia de design, como escrever código em Ruby para executar tarefas básicas e as etapas para criar seu primeiro programa com Ruby.

O que o Ruby Faz?

O Ruby é uma linguagem de programação de interesse geral tipicamente usado por desenvolvedores web. Até agora, o HTML, o CSS e o JavaScript que aprendeu nos capítulos anteriores não permitia armazenar dados após o usuário sair da página ou fechar o navegador. O Ruby facilita essa armazenagem e cria, atualiza, armazena e recupera os dados em um banco de dados. Por exemplo, imagine que eu deseje criar uma rede social como o Twitter. O conteúdo que escrevo em um tuíte é armazenado em um banco de dados central. Posso sair do navegador e desligar o computador, mas se eu voltar mais tarde ao site meus tuítes ainda estarão acessíveis. Além disso, se outros pesquisarem por mim ou por palavras-chave nos tuítes que escrevi, esse mesmo banco de dados é consultado e todas as correspondências serão exibidas. Desenvolvedores de Ruby frequentemente executam tarefas como armazenar informações em um banco de dados, e o framework de Ruby chamado Rails acelera o desenvolvimento ao incluir código e templates pré-construídos e formas fáceis de executar as tarefas. Por essas razões, os sites costumam usar Ruby e Rails juntos.

DICA

Um site que use o framework Rails é referido como construído com Rails ou "Ruby on Rails".

O Twitter era um dos sites com maior tráfego, dos que usam Ruby on Rails, e, até 2010, usava o código do Ruby para seus produtos de busca e mensagens. Outros sites que atualmente usam Ruby on Rails são [conteúdos em inglês]:

» Sites de e-commerce, como aqueles na plataforma `www.shopify.com`, incluindo The Chivery e Black Milk Clothing.

» Sites de música, como `www.soundcloud.com`.

» Sites de redes sociais, como `www.yammer.com`.

» Sites de notícias, como `www.bloomberg.com`.

Como mostrado anteriormente, Ruby e Rails criam uma variedade de sites. Enquanto o Rails se concentra em produtividade, permitindo aos desenvolvedores escrever códigos e testar protótipos rapidamente, alguns criticam Ruby e Rails por não serem escaláveis, e usam como evidência o Twitter reescrevendo seu código para não usar mais o Rails para muitos de seus recursos principais. Embora eu não vá solucionar o debate sobre produtividade versus escalabilidade para você aqui, lhe digo que o Rails lida muito bem com milhões de visitantes por mês, e, não importa a linguagem usada, é necessário fazer um trabalho significativo para escalar um site adequadamente para que lide com dezenas de centenas de milhões de visitantes mensais.

DICA

Confira a linguagem de programação utilizada por esses ou quaisquer grandes sites com o BuiltWith, disponível em www.builtwith.com [conteúdo em inglês]. Após inserir o endereço do site na barra de pesquisa, procure na seção Frameworks por Ruby on Rails.

Definindo a Estrutura do Ruby

O Ruby tem seu próprio conjunto de princípios funcionais, que orientam como o restante da linguagem é estruturado. Todas as linguagens que aprendeu até agora têm suas convenções, como as chaves do JavaScript ou as tags de abertura e fechamento do HTML, e com o Ruby não é diferente. Os princípios funcionais do Ruby explicam como ele tenta se diferenciar das linguagens de programação anteriores. Com esses princípios em mente, você reconhece o aspecto de seu código, entende seu estilo e aprende as palavras-chave e sintaxe especiais que permitem ao computador reconhecer o que fizer. Diferente do HTML e do CSS, e semelhante ao JavaScript, o Ruby tem suas particularidades sintáticas, e palavras-chave com erros ortográficos ou sem caracteres necessários farão com que o programa não seja executado.

Entendendo os princípios do Ruby

O Ruby tem alguns princípios funcionais para programar em uma linguagem menos estressante e mais divertida para os programadores de quaisquer linguagens. Esses princípios são:

» **Princípio da concisão:** Em geral, são necessários códigos curtos e concisos para criar programas. O conjunto inicial de etapas para rodar um programa escrito em inglês é comumente chamado de pseudocódigo. O Ruby é projetado de uma maneira que exige um pouco de esforço adicional para traduzir o pseudocódigo em código real. Mesmo os comandos existentes de Ruby podem se tornar mais concisos. Por exemplo, a sentença Ruby `if` pode ser escrita em três linhas ou apenas uma.

» **Princípio da consistência:** Um pequeno conjunto de regras rege toda a linguagem. Às vezes esse princípio é referido como o princípio da menor surpresa. Em geral, se estiver familiarizado com outra linguagem de programação, o comportamento do Ruby pode lhe parecer intuitivo. Por exemplo, em JavaScript, ao trabalhar com métodos de strings, você os encadeia desta forma:

```
"alphabet".toUpperCase().concat("Soup")
```

Essa sentença JavaScript retorna "ALPHABETSoup" primeiro tornando a string "alphabet" maiúscula, usando o método `.toUpperCase()`, depois

CAPÍTULO 13 **Familiarizando-se com Ruby** 207

concatenando "soup" a "ALPHABET". Da mesma forma, a sentença Ruby a seguir encadeia métodos juntos, como você esperaria, também retornando "ALPHABETSoup".

```
"alphabet".upcase.concat("Soup")
```

» **Princípio da flexibilidade:** Há várias maneiras de executar a mesma coisa, e até mesmo os comandos internos podem ser alterados. Por exemplo, ao escrever uma sentença `if-else`, você usa as palavras `if` e `else`, mas também realiza a tarefa com um simples "?". O código a seguir executa a mesma tarefa.

Versão 1:
```
if 3>4
    puts "the condition is true"
else
    puts "the condition is false"
end
```

Versão 2:
```
puts 3>4 ? "the condition is false" : "the condition is true"
```

Estilo e espaçamento

O Ruby geralmente usa menos pontuação que as outras linguagens de programação que você já pode ter experimentado. Há algumas amostras de código a seguir.

```
print "Qual é seu primeiro nome?"
first_name = gets.chomp
first_name.upcase!

if first_name=="NIK"
    print "Pode entrar!"
else
    print "Não há nada para ver aqui."
end
```

Se executar esse código, ele fará o seguinte:

» Mostrar na tela uma linha pedindo seu primeiro nome.

» Ler o dado inserido (`gets.chomp`) pelo usuário e salvá-la como variável `first_name`.

» Testar o dado inserido pelo usuário. Se for igual a "NIK", exibir (`print`) "Pode entrar!", se não, exibir (`print`) "Não há nada para ver aqui.".

208   PARTE 4 **Ampliando Suas Habilidades**

Cada um desses tipos de sentença é tratado com mais detalhes nos próximos capítulos. Por agora, ao olhar o código, observe suas características de estilo:

» Menos pontuação: Diferente do JavaScript, não tem chaves, e, diferente do HTML, não tem colchetes angulares.

» Espaços, tabulações e indentações são ignorados: Exceto dentro de strings de texto, espaços não importam.

» Novas linhas indicam o fim de sentenças: Embora se possa usar ponto e vírgula para colocar mais de uma sentença em uma linha, o método preferido e mais comum é colocar cada uma na própria linha.

» A notação de pontos é frequentemente usada: O ponto (como em `.chomp` ou `.upcase`) indica o uso de um método, o que é comum em Ruby. Um método é um conjunto de instruções que realizam uma tarefa específica. Nesse exemplo de código, `.chomp` remove espaços da inserção do usuário, e `.upcase` a coloca em caixa-alta.

» Pontos de exclamação sinalizam perigo: Os métodos aplicados às variáveis, como `first_name.upcase`, por padrão não alteram o valor da variável e somente transformam uma cópia de seu valor. Pontos de exclamação indicam uma mudança permanente, então `first_name.upcase!` transforma de maneira definitiva o valor da variável `first_name`.

Codificando Tarefas e Comandos Ruby Básicos

O Ruby pode executar muitas tarefas, de simples manipulação de textos a complexas autenticações de usuários, com login e senha. As tarefas básicas a seguir, dentro de um contexto Ruby, são conceitos cruciais de programação, aplicáveis a todas as linguagens. Se leu sobre outras linguagens de programação neste livro, as informações seguintes lhe serão familiares. Todas essas tarefas ocorrem no Ruby Shell, que parece uma interface de linha de comando. O Ruby também pode gerar HTML para criar páginas interativas, mas isso é um pouco mais complexo, e não tratado aqui.

As instruções para executar essas tarefas básicas estão a seguir, mas você pode colocá-las em prática agora mesmo pulando para a seção "Construindo um Programa Simples de Formatar Texto com Ruby", posteriormente neste capítulo.

DICA

As linguagens de programação executam os mesmos conjuntos de tarefas, e entendê-los em uma delas facilita o entendimento nas outras.

CAPÍTULO 13 **Familiarizando-se com Ruby** 209

Definindo tipos de dados e variáveis

Variáveis, como na álgebra, são palavras-chave usadas para armazenar valores de dados para uso posterior. Embora os dados armazenados em uma variável possam mudar, o nome da variável será sempre o mesmo. Pense em uma variável como um armário de ginásio — o que você guarda muda, mas o número do armário é sempre o mesmo.

As variáveis em Ruby são nomeadas usando caracteres alfanuméricos e de sublinhado (_), e começam por um número ou letra maiúscula. A Tabela 13-1 lista alguns dos tipos de dados que o Ruby armazena.

TABELA 13-1   Dados Armazenados em uma Variável

Tipo de Dado	Descrição	Exemplo
Números	Números positivos ou negativos com ou sem decimais	156 -101.96
Strings	Caracteres imprimíveis	Holly NovakSeñor
Booleanos	Valores que podem ser verdadeiros ou falsos	true false

Para definir ou alterar o valor de uma variável, escreva seu nome e use o sinal de igual, como mostrado no exemplo a seguir:

```
myName = "Nik"
pizzaCost = 10
totalCost = pizzaCost * 2
```

DICA

Ao contrário do JavaScript, o Ruby não exige que você use a palavra-chave `var` para declarar uma variável ou definir seu valor pela primeira vez.

Nomes de variáveis são suscetíveis a letras maiúsculas e minúsculas, então, ao se referir a uma variável em seu programa, lembre-se de que `MyName` é uma variável diferente de `myname`. Em geral, dê à sua variável um nome que descreva os dados que ela armazena.

Computação matemática simples e avançada

Após criar variáveis, você deve calcular os valores numéricos armazenados nelas. A matemática simples, como adição, subtração, multiplicação e divisão, é feita usando os operadores que você conhece. Uma diferença é a exponenciação (como, por exemplo, 2 elevado a 3), feita usando dois asteriscos. Exemplos são mostrados a seguir e na Tabela 13-2.

210   PARTE 4 **Ampliando Suas Habilidades**

```
sum1 = 1+1   (é igual a 2)
sum1 = 5-1   (é igual a 4)
sum1 = 3*4   (é igual a 12)
sum1 = 9/3   (é igual a 3)
sum1 = 2**3  (é igual a 8)
```

A matemática avançada, como valor absoluto, arredondamento para o decimal mais próximo para cima ou para baixo, pode ser executada com métodos numéricos, atalhos para facilitar a realização de certas tarefas. A sintaxe geral é colocar um ponto após o nome ou valor da variável e, em seguida, o nome do método para valores e variáveis, como se segue:

```
value.method
variable.method
```

PAPO DE ESPECIALISTA

Os valores e as variáveis em que os métodos atuam são chamados de objetos. Se comparar o Ruby ao português, pense nos objetos como substantivos e nos métodos como verbos.

TABELA 13-2 Métodos Numéricos Comuns no Ruby

Nome do Método	Descrição	Exemplo	Resultado
.abs	Retorna o valor absoluto de um número	-99.abs	99
.round(ndigits)	Arredonda um número para n dígitos	3.1415.round(2)	3.14
.floor	Arredonda para o número inteiro abaixo mais próximo	4.7.floor	4
.ceil	Arredonda para o número inteiro acima mais próximo	7.3.ceil	8

Usando strings e caracteres especiais

Além dos números, as variáveis no Ruby também podem armazenar strings. Para atribuir um valor a uma string, use aspas duplas ou simples.

```
firstname = "Jack"
lastname = 'Dorsey'
```

Para exibir esses valores de variáveis, você pode colocar `puts` ou `print` para exibi-los na tela. A diferença entre os dois é que `puts` acrescenta uma nova linha (ou seja, um espaço) após exibir o valor, enquanto `print` não.

CAPÍTULO 13 **Familiarizando-se com Ruby** 211

CUIDADO

As variáveis também podem armazenar números como strings em vez de números. Mesmo que a string pareça um número, o Ruby não é capaz de realizar nenhuma operação nela. Por exemplo, o Ruby não consegue avaliar um código como: `amountdue = "18" + 24`.

Há um problema com as strings e variáveis — e se sua string incluir apóstrofos ou aspas? Por exemplo, se eu quiser armazenar uma string com o valor 'Estou em casa' ou "Carrie disse que está saindo 'rapidinho'". Desse jeito, as aspas simples ou duplas na string causariam problemas com a atribuição de variáveis. A solução é usar caracteres especiais, chamados de sequências de escape, para indicar quando você deseja usar caracteres como aspas, que normalmente indicam o começo ou o fim de uma string, ou outros caracteres não imprimíveis, como barras. A Tabela 13-3 mostra alguns exemplos de sequências de escape.

TABELA 13-3 Sequências de Escape Comuns do Ruby

Caractere Especial	Descrição	Exemplo	Resultado
\' ou \"	Citações	`print "You had me at \"Hello\""`	`You had me at "Hello"`
\t	Barras	`print "Item\tUnits \tPrice"`	`Item    Units   Price`
\n	Nova linha	`print "Anheuser?\nBusch?\n Bueller? Bueller?"`	Anheuser? Busch? Bueller? Bueller?

DICA

Sequências de escape são interpretadas apenas para strings entre aspas. Para uma lista completa de sequências de escape, veja http://en.wikibooks.org/wiki/Ruby_Programming/Strings [conteúdo em inglês].

Decidindo com condicionais: if, elsif, else

Com os dados armazenados em uma variável, uma tarefa comum é comparar o valor da variável a um valor fixo ou a um valor de outra variável, e então tornar uma decisão baseada na comparação. Se já leu o capítulo sobre JavaScript, deve se recordar da mesma discussão, e o conceito é exatamente o mesmo. A sintaxe geral para uma sentença `if-elsif-else` é como se segue:

```
if condição1
    sentença1 a ser executada se a condição1 for verdadeira
elsif condição2
    sentença2 a ser executada se a condição2 for verdadeira
```

```
else
    sentença3 a ser executada se todas as condições anteriores forem falsas
end
```

DICA

Observe que há apenas um 'e' na sentença `elsif`.

O `if` é seguido por uma condição, que avalia como `true` ou `false`. Se a condição for `true`, a sentença é executada. Essa é a sintaxe mínima necessária para `if-statement`, e `elsif` e `else` são opcionais. Se estiver presente, o `elsif` testa uma condição adicional quando a primeira for `false`. Você pode testar muitas condições que desejar usando `elsif`. Especificar todas as condições para testar pode ser entediante, por isso é útil ter um "catch-all". Se estiver presente, o `else` atende a essa função e é executado quando todas as condições anteriores forem `false`.

DICA

Não se pode ter um `elsif` ou `else` sozinho, sem uma sentença `if` precedente. Você pode incluir muitas sentenças `elsif`, mas uma única `else`.

A condição em uma sentença `if` compara valores usando operadores de comparação, e os mais comuns estão descritos na Tabela 13-4.

TABELA 13-4   Operadores de Comparação Comuns do Ruby

Tipo	Operador	Descrição	Exemplo
Menor que	<	Avalia se um valor é menor que outro	x < 55
Maior que	>	Avalia se um valor é maior que outro	x > 55
Igual	==	Avalia se dois valores são iguais	x == 55
Menor ou igual a	<=	Avalia se um valor é menor ou igual a outro	x <= 55
Maior ou igual a	>=	Avalia se um valor é maior ou igual a outro	x >= 55
Diferente	!=	Avalia se dois valores são diferentes	x != 55

Este é um exemplo de sentença `if`.

```
carSpeed=40
if carSpeed > 55
    print "Você está acima do limite de velocidade!"
elsif carSpeed == 55
    print "Você está no limite de velocidade!"
else
    print "Você está abaixo do limite de velocidade!"
end
```

Como o diagrama na Figura 13-1 mostra, há duas condições, cada uma indicada pelo losango, avaliadas em sequência. Nesse exemplo, `carSpeed` é igual a 40, então a primeira condição, (`carSpeed > 55`), é `false`, e a segunda, (`carSpeed==55`), também. Com ambas as condições falsas, o `else` executa e exibe na tela: "Você está abaixo do limite de velocidade!"

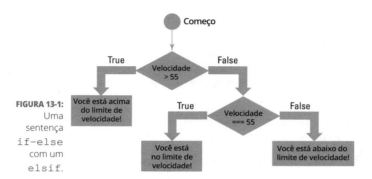

FIGURA 13-1: Uma sentença if-else com um elsif.

Inserções e saídas

Como já viu neste capítulo, o Ruby lhe permite coletar inserções e exibir saídas para o usuário. Para coletar inserções de usuários, use o método `gets`, que as armazena como uma string. No exemplo a seguir, o usuário insere seu primeiro nome, que é armazenado em uma variável chamada `full_name`:

```
print "Qual é seu nome completo?"
full_name = gets
```

PAPO DE ESPECIALISTA

O método `gets` parece ser uma palavra-chave estratégica para coletar inserções de usuários. O Ruby é influenciado pela linguagem de programação C, que também possui uma função `gets` para coletar inserções.

Imagine que o usuário insira seu nome, "Satya Nadella". Como o código está escrito, se exibir o valor da variável `full_name`, você verá isto:

```
Satya Nadella\n
```

A sequência de escape `\n` aparece após o nome, porque, depois da inserção, o usuário pressiona a tecla "Enter", que o Ruby armazena como `\n`. Para remover o `\n`, adicione o método `chomp` à string, e ele removerá o `\n` e a sequência de escape `\r`.

```
print "Qual é seu nome completo?"
full_name = gets.chomp
```

Agora, ao exibir a variável `full_name`, você apenas verá "Satya Nadella".

Para exibir saídas de usuários, pode usar `print` ou `puts`, redução de "put string". A diferença entre elas é que `puts` adiciona uma nova linha após a execução, enquanto `print` não. O código a seguir mostra a diferença quando `print` e `puts` são executados.

O código `puts`:

```
print "A missão tem "
print "tacos ótimos"
```

Resultado:

```
A missão tem tacos ótimos
```

O código `print`:

```
puts "A missão tem "
puts "tacos ótimos"
```

Resultado:

```
A missão tem
tacos ótimos
```

Formatando Suas Strings

Manipular strings é uma das principais tarefas de um programador. Exemplos de tarefas nessa categoria são:

- » Padronizar strings para ter consistência em maiúsculas e minúsculas.
- » Remover espaços das inserções de usuários.
- » Inserir valores de variáveis em strings exibidas para o usuário.

O Ruby é exímio quando se trata de lidar com strings, e inclui muitos métodos internos que facilitam seu processamento do que em outras linguagens.

Métodos de string: upcase, downcase e strip

Padronizar as inserções dos usuários quanto a maiúsculas e minúsculas e remover espaços extras é comumente necessário para facilitar a posterior busca por dados. Por exemplo, imagine que esteja projetando um site para o Departamento de Veículos Motorizados do Rio de Janeiro, e uma página é para a solicitação de licença do motorista e suas renovações. Ambos os formulários pedem o endereço atual, o que inclui o campo para as duas letras correspondentes ao estado. Após a revisão completa dos formulários e os dados eletrônicos anteriores, você vê que os motoristas inserem o estado de maneiras diversas, como "RJ", "rj", "RJ", " rj ", "rJ", e análogas. Se "RJ" for o resultado desejado, você poderia usar `upcase` e `strip` para dar consistência a todas as inserções. A Tabela 13-5 detalha esses métodos de string.

TABELA 13-5 Métodos de Strings de Ruby

Nome do Método	Descrição	Exemplo	Resultado
`upcase`	Coloca todos os caracteres em caixa-alta	`"rJ".upcase`	`"RJ"`
`downcase`	Coloca todos os caracteres em caixa-baixa	`"Hi".downcase`	`"hi"`
`capitalize`	Coloca apenas a primeira letra em caixa-alta	`"wake UP".capitalize`	`"Wake up"`
`strip`	Remove espaços	`" Rj ".strip`	`"Rj"`

Inserindo variáveis em strings com

Para inserir valores de variáveis em strings mostradas ao usuário, você pode usar a sequência de hashtag `#{...}`. O código entre as chaves é avaliado e inserido na string. Como com sequências de escape, o valor da variável é inserido apenas em strings entre aspas. Veja o exemplo de código e o resultado a seguir.

Código:

```
yearofbirth = 1990
pplinroom = 20
puts "Seu ano de nascimento é #{yearofbirth}. Está correto?"
puts 'Seu ano de nascimento é #{yearofbirth}. Está correto?'
puts "Existem #{pplinroom / 2} mulheres na sala com o mesmo ano de
    nascimento."
```

Resultado:

```
Seu ano de nascimento é 1990. Está correto?
Seu ano de nascimento é #{yearofbirth}. Está correto?
Existem 10 mulheres na sala com o mesmo ano de nascimento.
```

A primeira string usa aspas e a variável foi inserida na string e exibida para o usuário. A segunda string usa apóstrofos, então o código dentro das chaves não foi avaliado, o valor da variável não foi inserido e, em vez dele, #{yearofbirth} foi exibido. A terceira string mostra que qualquer código pode ser avaliado e inserido na string.

PAPO DE ESPECIALISTA

Esse método de inserir valores de variáveis em strings é chamado de interpolação de string.

Construindo um Processador Simples de Texto com Ruby

Pratique Ruby online com o site da Codecademy. A Codecademy é um site gratuito criado em 2011 para permitir que todos aprendam a codificar direto no navegador, sem instalar ou baixar software algum. Treine o uso de todas essas tags (e algumas mais) que aprendeu neste capítulo seguindo estes passos:

1. **Abra seu navegador, vá para** www.dummies.com/go/codingfd **e clique no link da Codecademy.**

2. **Entre em sua conta da Codecademy.**

    Essa inscrição é discutida no Capítulo 3. Criar uma conta lhe permite salvar seu progresso conforme trabalha, mas é opcional.

3. **Navegue e clique em Introduction to Ruby para praticar os comandos básicos de Ruby.**

4. **Informações cruciais são apresentadas na parte superior esquerda do site, e as instruções, na inferior esquerda.**

5. **Siga as instruções na janela de codificação principal.**

6. **Após completar as instruções, clique no botão Save and Submit Code.**

    Se seguiu as instruções corretamente, um ícone verde de completado aparecerá, e você irá para o exercício seguinte. Se houver algum erro em seu código, aparecerá um aviso com uma sugestão para repará-lo. Se você se deparar com algum problema ou falha que não consegue corrigir, use os fóruns ou envie um tuíte para @nikhilgabraham e inclua a hashtag #codingFD.

NESTE CAPÍTULO

» Entendendo princípios e estilo do Python

» Praticando o código de Python, como atribuir variáveis e usar sentenças `if`

» Fazendo um projeto simples de Python

Capítulo **14**

Mergulhando no Python

Escolhi Python para nomear o projeto por ter um senso de humor ligeiramente irreverente (e ser um grande fã de Monty Python's Flying Circus).

— GUIDO VAN ROSSUM, CRIADOR DO PYTHON

O Python é uma linguagem de servidor criada por Guido van Rossum, um desenvolvedor que estava entediado durante o inverno de 1989 e procurava por um projeto para implementar. À época, Van Rossum já tinha ajudado a criar uma linguagem, chamada de ABC, e a experiência lhe deu muitas ideias que achava interessantes para seus programadores. Ele as colocou em prática e criou o Python. Embora o ABC nunca tenha se popularizado entre os programadores, o Python foi um sucesso desenfreado. O Python é uma das linguagens de programação mais populares, usada por iniciantes que estão apenas começando e profissionais construindo aplicativos trabalhosos.

Neste capítulo, você aprenderá os fundamentos do Python, incluindo seu arcabouço conceitual, como escrevê-lo para executar tarefas básicas e as etapas para criar seu primeiro programa em Python.

CAPÍTULO 14 **Mergulhando no Python** 219

O que o Python Faz?

Python é uma linguagem de programação de interesse geral comumente usada por desenvolvedores web. Isso soa parecido com a descrição usada para o Ruby no capítulo anterior, e ambas as linguagens realmente têm mais semelhanças que diferenças. O Python, como o Ruby, permite armazenar dados depois que os usuários saíram da página ou fecharam o navegador, diferente de HTML, CSS e JavaScript. Com os comandos do Python você cria, atualiza, armazena e recupera dados em um banco de dados. Por exemplo, imagine que eu queira criar um site local de pesquisa e classificação como o Yelp.com. Os comentários que os usuários escrevem são armazenados em um banco de dados. Qualquer autor pode sair do navegador, desligar o computador e voltar ao site posteriormente e encontrar seus comentários. Além disso, quando outros usuários buscam locais, o mesmo banco de dados central é consultado. Armazenar dados em um banco de dados é uma tarefa comum para os desenvolvedores Python, e suas bibliotecas existentes incluem códigos pré-construídos para criar e pesquisar facilmente bancos de dados.

PAPO DE ESPECIALISTA

O SQLite é um banco de dados leve e gratuito comumente usado pelos programadores Python para armazenar dados.

Muitos sites que recebem muito tráfego, como o YouTube, foram criados usando Python. Outros sites que atualmente o utilizam são:

- » Quora, para seu site de perguntas e respostas editadas pela comunidade.
- » Spotify, para análise de dados internos.
- » Dropbox, para seu software de cliente desktop.
- » Reddit, para gerar notícias de fontes colaborativas.
- » Industrial Light & Magic e Disney Animation, para criar efeitos especiais de filmes.

De sites a softwares e efeitos especiais, o Python é uma linguagem extremamente versátil, poderosa o bastante para suportar uma variedade de aplicativos. Além disso, para espalhar o código Python, os programadores de Python criam bibliotecas, códigos pré-escritos autônomos que executam determinadas tarefas, e os tornam disponíveis para os outros para que as usem e aprimorem. Por exemplo, uma biblioteca chamada Scrapy executa coleta de dados, enquanto outra, chamada SciPy, executa funções matemáticas usadas por cientistas e matemáticos. A comunidade Python mantém milhares de bibliotecas como essas, e a maioria é de software gratuito e de fonte aberta.

DICA

Geralmente, é possível confirmar a linguagem de programação de front-end usada pelos principais sites com o BuiltWith, disponível em www.builtwith.com [conteúdo em inglês]. Após inserir o endereço do site na barra, procure a seção de frameworks para Python. Observe que o site pode usar Python para fins de back-end invisíveis ao BuiltWith.

Definindo a Estrutura do Python

O Python possui seu próprio conjunto de princípios fundamentais, que estruturam o restante do idioma. Para implementá-los, cada linguagem tem suas próprias convenções, como as chaves do JavaScript ou as tags de abertura e fechamento do HTML. O Python não é diferente, e tratamos dos princípios e das convenções para que entenda como é o código Python, o estilo Python e aprenda as palavras-chave especiais e sintaxe que permitem ao computador reconhecer o que você está tentando fazer. O Python, como Ruby e JavaScript, é muito específico em relação à sintaxe, e erros ortográficos em palavras-chave ou o esquecimento de caracteres necessários fará com que o programa não seja executado.

Entendendo o Zen do Python

Existem 19 princípios fundamentais que descrevem como a linguagem Python é organizada. Alguns dos princípios mais importantes são:

» **Legibilidade:** Esse é possivelmente o princípio funcional mais importante do Python. O código Python parece o inglês, e até impõe certas formatações, como indentações, para torná-lo mais legível. Um código altamente legível significa que, seis meses depois de escrevê-lo, quando revisitá-lo para reparar uma falha ou acrescentar um recurso, você será capaz de manipulá-lo sem dificuldades para se lembrar do que fez. Um código legível também significa que outros podem usá-lo ou depurá-lo com facilidade.

PAPO DE ESPECIALISTA

O Reddit.com é um dos dez sites mais visitados nos Estados Unidos e um dos 50 mais visitados no mundo. Seu cofundador, Steve Huffman, inicialmente o codificou em Lisp e mudou para Python porque o Python é "extremamente fácil de ler e escrever".

» **Deve haver uma — e de preferência *só* uma — maneira de agir:** Esse princípio é diametralmente oposto ao lema de Perl: "Há mais de uma maneira de agir." No Python, dois programadores diferentes podem abordar o mesmo problema e escrever programas, mas o ideal é que os códigos sejam semelhantes e fáceis de ler, adotar e entender. Embora o Python admita várias maneiras de executar uma tarefa — por exemplo, ao combinar duas strings —, se houver uma opção óbvia e comum, ela deve ser usada.

» **Se a implementação for difícil de explicar, é uma péssima ideia:** Antigamente, os programadores sabiam escrever código esotérico para melhorar o desempenho. Porém, o Python não foi projetado para ser a linguagem mais rápida, e esse princípio lembra aos programadores de que as implementações fáceis de entender são preferíveis àquelas mais rápidas, mas difíceis de explicar.

DICA

Acesse a lista completa de princípios fundamentais, escritos sob a forma de poema, digitando `import this`; em um interpretador Python ou visitando https://www.python.org/dev/peps/pep-0020 [conteúdo em inglês]. Esses princípios, escritos por Tim Peters, um membro da comunidade Python, deveriam descrever as intenções do criador do Python, Van Rossum, também conhecido como Benevolent Dictator for Life (BDFL, em português: Ditador Benevolente Vitalício).

Formatação e espaçamento

O Python geralmente usa menos pontuação que as outras linguagens de programação que pode já ter experimentado anteriormente. Um código de exemplo é:

```
first_name=raw_input("Qual é seu primeiro nome?")
first_name=first_name.upper()

if first_name=="NIK":
    print "Você pode entrar!"
else:
    print "Nada para ver aqui."
```

PAPO DE ESPECIALISTA

Os exemplos deste livro foram escritos para Python 2.7. Há duas versões populares de Python atualmente em uso — o Python 2.7 e o Python 3. O Python 3 é a mais recente, mas não é compatível com as anteriores; assim, o código escrito com a sintaxe do Python 2.7 não funcionará com um interpretador de Python 3. Inicialmente, o Python 2.7 tinha mais bibliotecas externas e suporte que o Python 3, mas isso está mudando. Para ler mais sobre as diferenças entre essas versões, veja https://wiki.python.org/moin/Python2orPython3 [conteúdo em inglês].

Se executar esse código, ele faz o seguinte:

» Exibe uma linha perguntando seu primeiro nome.

» Lê o dado inserido pelo usuário (`raw_input(Qual é seu primeiro nome?)`) e a salva na variável `first_name`.

» Coloca qualquer texto inserido em caixa-alta.

» Testa o dado inserido pelo usuário. Se for igual a "NIK", então `print` exibirá: "Você pode entrar!" Se não, `print` exibirá: "Nada para ver aqui."

Cada uma dessas sentenças é abordada em detalhes no final deste capítulo. Por agora, ao observar o código, repare algumas de suas características de estilo:

» **Menos pontuação:** Diferente do JavaScript, o Python não tem chaves, e, diferente do HTML, colchetes angulares.

» **Espaços fazem diferença:** Sentenças indentadas no mesmo nível são agrupadas. No exemplo anterior, repare como `if` e `else` se alinham, e as sentenças `print` abaixo de cada uma são indentadas na mesma proporção. Você decide a quantidade de indentação e se deseja usar marcas de tabulação ou espaços, desde que mantenha a consistência. Geralmente, a norma de estilo são quatro espaços da margem esquerda.

DICA

Veja sugestões de formatação de Python para indentação, espaços e comentários visitando https://www.python.org/dev/peps/pep-0008 [conteúdo em inglês].

» **Novas linhas indicam o final de sentenças:** Embora possa usar ponto e vírgula para colocar mais de uma sentença em uma linha, o método preferencial e mais comum é colocar cada sentença na própria linha.

» **Dois-pontos separam blocos de código:** Novos programadores de Python às vezes perguntam por que é necessário usar dois-pontos para indicar blocos de código, como no final da sentença `if`, se novas linhas bastariam. Testes iniciais de usuários, com e sem dois-pontos, mostraram que programadores principiantes entendem melhor códigos com dois-pontos.

Codificando Tarefas e Comandos de Python Comuns

O Python, como outras linguagens de programação como o Ruby, faz tudo, de simples manipulações de textos a desenhos de gráficos complexos para jogos. As tarefas básicas a seguir são explicadas no contexto do Python, mas são fundamentais para entender qualquer linguagem de programação. Mesmo desenvolvedores experientes, quando aprendem uma nova linguagem, como Swift, recentemente lançada pela Apple, começam dessas tarefas fundamentais. Se já leu o capítulo sobre Ruby, o código para executá-las lhe será familiar.

Aprenda os princípios do Python a seguir ou pratique essas habilidades agora, indo para a seção "Construindo uma Calculadora Simples com Python", no final deste capítulo.

DICA

Milhões de pessoas aprenderam o Python antes de você, então é fácil de encontrar respostas a dúvidas que podem surgir durante a aprendizagem com uma simples pesquisa na internet. A probabilidade de que alguém já tenha feito sua pergunta antes é alta.

Definindo tipos de dados e variáveis

Variáveis, como na álgebra, são palavras-chave usadas para armazenar valores de dados para uso posterior. Embora os dados armazenados em uma variável possam mudar, o nome da variável permanece sempre inalterado. Pense em uma variável como um armário de ginásio — o que armazena nele muda, mas seu número é sempre o mesmo.

Variáveis em Python são nomeadas usando caracteres alfanuméricos e sublinhado (_), e começam com uma letra ou sublinhado. A Tabela 14-1 lista alguns tipos de dados que o Python armazena.

TABELA 14-1 Dados Armazenados em uma Variável

Tipo de Dado	Descrição	Exemplo
Números	Números positivos ou negativos com ou sem decimais	156 -101.96
Strings	Caracteres imprimíveis	Holly NovakSeñor
Booleanos	Valores que podem ser verdadeiros ou falsos	true false

Para configurar ou alterar o valor de uma variável, escreva seu nome, um único sinal de igual e o valor da variável, como mostrado no exemplo a seguir:

```
myName = "Nik"
pizzaCost = 10
totalCost = pizzaCost * 2
```

DICA

Evite começar os nomes de variáveis com o número um (1), um "L" minúsculo (l) ou i maiúsculo (I). Dependendo da fonte utilizada, esses caracteres parecem o mesmo, causando confusão para você e outras pessoas mais tarde!

Os nomes de variáveis são suscetíveis a maiúsculas e minúsculas; portanto, ao se referir a uma variável em seu programa, lembre-se de que `MyName` é diferente de `myname`. Em geral, dê à sua variável um nome que descreva os dados que ela armazena.

224 PARTE 4 **Ampliando Suas Habilidades**

Computação matemática simples e avançada

Depois de criar variáveis, você pode querer fazer contas com os valores numéricos armazenados nelas. Uma conta simples, como adição, subtração, multiplicação e divisão, é feita com os operadores que você já conhece. A exponenciação (como, por exemplo, 2 elevado a 3) é feita no Python de maneira diferente do JavaScript, e usa dois asteriscos. Exemplos:

```
num1 = 1+1    #é igual a 2
num2 = 5-1    #é igual a 4
num3 = 3*4    #é igual a 12
num4 = 9/3    #é igual a 3
num5 = 2**3   #é igual a 8
```

DICA

O símbolo # indica um comentário no Python.

DICA

Não apenas leia esses comandos, experimente-os! Vá para http://repl.it/languages/Python [conteúdo em inglês] para um interpretador Python leve e online que pode usar diretamente em seu navegador sem baixar ou instalar nada.

Matemática avançada, como valor absoluto, arredondamento para o decimal mais próximo, para cima ou para baixo, é executada com funções matemáticas avançadas. O Python possui algumas funções já incorporadas no código pré-escrito que podem ser usadas para facilitar a execução de certas tarefas. A sintaxe geral para funções matemáticas do Python é listar o nome da função, seguido pelo nome ou valor da variável como um argumento, como a seguir:

```
method(value)
method(variable)
```

As funções matemáticas para valor absoluto e arredondamento seguem a sintaxe anterior, mas algumas, como arredondamento para cima ou para baixo, são armazenadas em um módulo matemático separado. Para usá-las, você deve:

» Escrever a sentença `import math` apenas uma vez em seu código antes de usar funções matemáticas no módulo.

» Consultar o módulo matemático, como se segue: `math.method(value)` ou `math.method(variable)`.

Veja essas funções nos exemplos da Tabela 14-2.

TABELA 14-2 Funções Matemáticas Comuns do Python

Nome da Função	Descrição	Exemplo	Resultado
abs(n)	Recupera o valor absoluto de um número (n)	abs(-99)	99
round (n, d)	Arredonda um número (n) para um número de casas decimais (d)	round (3.1415, 2)	3.14
math.floor(n)	Arredonda para o número inteiro abaixo mais próximo	math.floor(4.7)	4.0
math.ceil(n)	Arredonda para o número inteiro acima mais próximo	math.ceil(7.3)	8.0

PAPO DE ESPECIALISTA

Módulos são arquivos separados que contêm código Python, e um módulo deve ser referenciado ou importado antes que qualquer parte de seu código seja usada.

DICA

Veja todas as funções do módulo matemático visitando `https://docs.python.org/2/library/math.html` [conteúdo em inglês].

Usando strings e caracteres especiais

Junto com números, as variáveis no Python também armazenam strings. Para atribuir um valor a uma string, use aspas duplas ou simples, como se segue:

```
firstname = "Travis"
lastname = 'Kalanick'
```

LEMBRE-SE

As variáveis também armazenam números como strings em vez de números. No entanto, mesmo que a string pareça um número, o Python não é capaz de adicionar, subtrair ou dividir strings e números. Por exemplo, considere `amountdue = "18" + 24` — executar esse código assim resultaria em erro. O Python multiplica strings, mas de uma maneira interessante — `print 'Ha' * 3` resulta em `'HaHaHa'`.

Incluir apóstrofes e aspas em sua string é problemático porque as aspas dentro de sua string terminarão sua definição prematuramente. Por exemplo, se eu armazenar uma string com o valor 'I'm on my way home', o Python assumiria o ' após o primeiro I como o fim da atribuição da variável, e os caracteres restantes provocariam um erro. A solução é usar caracteres especiais, chamados de sequências de escape, para indicar quando você deseja usar caracteres como aspas, que normalmente sinalizam o fim da string, ou outro caractere não imprimível, como barras. A Tabela 14-3 mostra alguns exemplos de sequências de escape.

TABELA 14-3   Sequências de Escape Comuns do Python

Caractere Especial	Descrição	Exemplo	Resultado
\' ou \"	Citações	`print "You had me at \"Hello\""`	`You had me at "Hello"`
\t	Barras	`print "Item\tUnits \tPrice"`	`Item Units Price`

\n	Novas linhas	`print "Anheuser?\nBusch? \nBueller? Bueller?"`	`Anheuser?`
			`Busch?`
			`Bueller? Bueller?`

DICA

As sequências de escape são interpretadas apenas em strings com aspas. Para uma lista de sequências de escape, veja a tabela na Seção 2.4, "Literals", em http://docs.python.org/2/reference/lexical_analysis.html [conteúdo em inglês].

Decidindo com condicionais: if, elif, else

Com os dados armazenados em uma variável, uma tarefa comum é comparar o valor da variável a um valor fixo ou de outra variável, e tomar uma decisão com base na comparação. Se já leu os capítulos sobre JavaScript ou Ruby, a discussão e os conceitos são muito semelhantes. A sintaxe geral para uma sentença `if-elif-else` é como se segue:

```
if condição1:
    sentença1 a ser executada se a condição1 for verdadeira
elif condição2:
    sentença2 a ser executada se a condição2 for verdadeira
else:
    sentença3 a ser executada se todas as condições anteriores forem falsas
```

DICA

Repare que não há chaves ou ponto e vírgula, mas não se esqueça dos dois--pontos e de indentar suas sentenças!

A declaração `if` inicial vai avaliar como `true` ou `false`. Quando `condição1` é `true`, a *sentença1* é executada. Essa é a sintaxe mínima necessária para o if-statement, e o `elif` e o `else` são opcionais. Quando presente, o `elif` testa uma condição adicional quando `condição1` é `false`. Você pode testar muitas condições conforme usa o `elif`. Especificar todas as condições para testar pode ser entediante, então um "catch-all" é útil. Quando presente, o `else` funciona como "catch-all", e é executado quando todas as condições anteriores são `false`.

DICA

Você não pode ter um `elif` ou `else` sozinhos, sem uma sentença `if` precedente. Você pode incluir muitas sentenças `elif`, mas somente uma `else`.

A condição em uma sentença `if` confronta valores usando operadores de comparação, e os mais comuns são descritos na Tabela 14-4.

TABELA 14-4 Operadores de Comparação Comuns do Python

Tipo	Operador	Descrição	Exemplo
Menor que	<	Avalia se um valor é menor que outro	x < 55
Maior que	>	Avalia se um valor é maior que outro	x > 55
Igual	==	Avalia se dois valores são iguais	x == 55
Menor ou igual a	<=	Avalia se um valor é menor ou igual a outro	x <= 55
Maior ou igual a	>=	Avalia se um valor é maior ou igual a outro	x >= 55
Diferente	!=	Avalia se dois valores são diferentes	x != 55

Aqui está um exemplo de sentença `if`.

```
carSpeed=55
if carSpeed > 55:
    print "Você está acima do limite de velocidade!"
elif carSpeed == 55:
    print "Você está no limite de velocidade!"
else:
    print "Você está abaixo do limite de velocidade!"
```

Como mostra o diagrama da Figura 14-1, há duas condições, cada uma indicada por um losango, avaliadas em sequência. Nesse exemplo, `carSpeed` é igual a 55; então, a primeira condição, (`carSpeed > 55`), é `false`, e a segunda, (`carSpeed==55`), é `true`, e a sentença executada exibe: "Você está no limite de velocidade!" Quando uma condição é `true`, a sentença `if` para de ser executada, e o `else` nunca é atingido.

Inserções e saídas

O Python coleta inserções de usuários e exibe saídas para eles. Para coletar essas inserções, use o método `raw_input("Prompt")`, que as armazena como strings. No exemplo a seguir, o usuário insere seu nome completo, que é armazenado em uma variável chamada `full_name`.

```
full_name = raw_input("Qual é seu nome completo?")
```

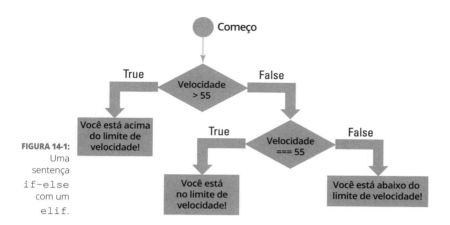

FIGURA 14-1:
Uma sentença `if-else` com um `elif`.

Imagine que o usuário inseriu seu nome, "Jeff Bezos". Você exibe o valor da variável usando `print full_name`, e verá isto:

```
Jeff Bezos
```

O Python, diferente do Ruby, não armazena a nova linha `\n` da sequência de escape após a inserção do usuário.

Nesse ponto, você percebe como variáveis imprimíveis e valores em uma janela de console de interpretador Python são muito diferentes da criação dinâmica de páginas com variáveis feitas no Python. Integrar o Python a uma página para responder a solicitações de usuários e gerar páginas HTML normalmente é feito com um framework de Python, como Django ou Flask, que tem código pré-escrito para facilitar o processo. Esses frameworks geralmente demandam um trabalho de instalação e configuração, e comumente separam os dados exibidos de templates usados para exibir a página para o usuário.

Formatando Suas Strings

Sempre que coleta inserções de usuários, precisa limpá-la para remover erros e inconsistências. Aqui estão algumas tarefas comuns de limpeza de dados:

» Padronizar strings para ter consistência em maiúsculas e minúsculas
» Remover espaços das inserções de usuários
» Inserir um valor de variável em strings exibidas para o usuário

O Python inclui muitos métodos internos que facilitam o processamento de strings.

Notação de ponto com upper(), lower(), capitalize() e strip()

A padronização das inserções do usuário para adequar maiúsculas e minúsculas e remover espaços é muitas vezes necessária para classificar os dados com facilidade. Por exemplo, imagine que esteja desenhando um site para o New York Knicks, para que os fãs conheçam os jogadores após o jogo. A página pede que os fãs insiram seus nomes para que a equipe de segurança os verifique posteriormente na lista, antes da entrada. Ao analisar as inserções anteriores de fãs, você vê que inseriram seus nomes de jeitos variados, como "Mark", "mark", "marK" e outras variantes similares, que causam problemas quando a lista é colocada em ordem alfabética. Para dar consistência às inserções e aos nomes, use as funções de string descritas na Tabela 14-5.

TABELA 14-5   Funções de Strings de Python

Nome da Função	Descrição	Exemplo	Resultado
string.upper()	Coloca todos os caracteres em caixa-alta	"rJ".upper()	"RJ"
string.lower()	Coloca todos os caracteres em caixa-baixa	"Rj".lower()	"rj"
string.capitalize()	Coloca apenas a primeira letra em caixa-alta	"wake UP".capitalize()	"Wake up"
string.strip()	Remove espaços	" Rj ".strip()	"Rj"

Formatando strings com %

Para inserir valores de variáveis em strings mostradas para o usuário, você pode usar o operador de formatação de strings %. Inserido na definição da string, o %d é usado para especificar números inteiros, o %s, para especificar strings, e as variáveis para formatar (mapeamento de chave) são especificadas nos parênteses após a string ser definida. Veja o código de exemplo e o resultado a seguir:

Código:

```
yearofbirth = 1990
pplinroom = 20
name = "Mary"
print "Seu ano de nascimento é %d. Está correto?" % (yearofbirth)
print 'Seu ano de nascimento é %d. Está correto?' % (yearofbirth)
print "Existem %d mulheres na sala nascidas em %d e %s é uma delas." %
    (pplinroom/2, yearofbirth, name)
```

Resultado:

```
Seu ano de nascimento é 1990. Está correto?
Seu ano de nascimento é 1990. Está correto?
Existem 10 mulheres na sala nascidas em 1990 e Mary é uma delas.
```

A primeira string usou aspas, e a variável foi inserida e exibida para o usuário. A segunda string se comportou exatamente como a primeira, porque, diferente do Ruby, a definição de strings com apóstrofos não afeta sua formatação. A terceira string mostra que o código pode ser avaliado (`pplinroom / 2`) e inserido na string.

PAPO DE ESPECIALISTA

O método `string.format()` é outra maneira de formatar strings com Python.

Construindo uma Calculadora Simples com Python

Pratique Python online com o site da Codecademy. A Codecademy é um site gratuito criado em 2011 para permitir que todos aprendam a codificar direto no navegador, sem instalar ou baixar software algum. Treine o uso de todas essas tags (e algumas mais) que aprendeu neste capítulo seguindo estes passos:

1. **Abra seu navegador, vá para** www.dummies.com/go/codingfd **e clique no link da Codecademy.**

2. **Entre em sua conta da Codecademy.**

    Essa inscrição é discutida no Capítulo 3. Criar uma conta lhe permite salvar seu progresso conforme trabalha, mas é opcional.

3. **Navegue e clique em Python Syntax para praticar os comandos básicos de Python.**

4. **Informações cruciais são apresentadas na parte superior esquerda do site, e as instruções, na inferior esquerda.**

5. **Siga as instruções na janela de codificação principal.**

6. **Após completar as instruções, clique no botão Save and Submit Code.**

    Se seguiu as instruções corretamente, um ícone verde de completado aparecerá, e você irá para o exercício seguinte. Se houver algum erro em seu código, aparecerá um aviso com uma sugestão para repará-lo. Se você se deparar com algum problema ou falha que não consegue corrigir, use os fóruns ou envie um tuíte para `@nikhilgabraham` e inclua a hashtag `#codingFD`.

CAPÍTULO 14 **Mergulhando no Python**   231

A Parte dos Dez

NESTA PARTE...

Continue aprendendo a codificar com recursos online.

Mantenha-se atualizado com notícias do setor e discussões da comunidade.

Resolva falhas de codificação com recursos online e offline.

Tenha em mente dez dicas ao aprender a codificar.

Capítulo 15
Dez Recursos Gratuitos para Codificadores

O mundo da tecnologia está em constante evolução. Novas tecnologias são inventadas, desenvolvedores as utilizam para construir novos produtos e novos mercados emergem a partir de seu uso pelas pessoas. Do momento em que escrevi estes capítulos até este livro chegar às suas mãos, muito já mudou. Os recursos a seguir [a maioria com conteúdo em inglês] o ajudam a continuar aprendendo, responder perguntas e ficar a par dessas transformações.

Os recursos listados a seguir são completamente gratuitos. Muitos assim permanecem por causa de membros da comunidade, como você, que fazem esse tipo de contribuição, então não se acovarde em participar!

Sites que Ensinam a Codificar

Aprender a codificar é uma jornada constante mesmo para os programadores mais experientes. Novas linguagens e frameworks aparecem todos os dias, e a única maneira de se manter atualizado é continuar aprendendo. Como você ainda não é um desenvolvedor experiente, os recursos a seguir destinam-se a iniciantes com diferentes níveis de aprendizagem. Você pode aprender temas gerais introdutórios de ciência da computação ou técnicas específicas de desenvolvimento web lendo textos ou assistindo a palestras em vídeo, no seu próprio ritmo ou em uma aula programada. Vamos começar!

Codecademy

www.codecademy.com

A Codecademy, criada para pessoas sem experiência prévia em programação, é a maneira mais fácil de aprender a codificar online. Muitos capítulos neste livro usam lições do site. Você pode usá-lo para:

» Aprender linguagens de front-end, como HTML, CSS e JavaScript

» Experimentar linguagens de back-end, como Ruby, Python e PHP

» Construir páginas reais de sites como AirBnb, Flipboard e Etsy

LEMBRE-SE

Linguagens de front-end se destinam à aparência do site, enquanto as de back-end adicionam lógica, como o que mostrar aos usuários e quando. Veja o Capítulo 2 para mais detalhes.

Você não precisa baixar ou instalar nada para codificar na Codecademy — basta entrar ou se inscrever e começar a aprender.

DICA

Se ficar confuso, verifique se há uma dica na parte inferior das instruções, ou clique no link do fórum para fazer uma pergunta ou ver se alguém já publicou uma solução para o seu problema.

Coursera e Udacity

www.coursera.org

www.udacity.com

MOOCs, ou *cursos online abertos ao público*, são aulas ou cursos que ensinam via internet a um número ilimitado de alunos virtuais. Esses cursos incentivam o uso de fóruns online e a interatividade para criar senso de comunidade. O Coursera e o Udacity, dois dos maiores MOOCs, têm uma infinidade de cursos relacionados a codificação. Cada curso é ensinado com uma série de palestras em vídeo por um acadêmico ou especialista do setor. (Veja a Figura 15-1.) Após assistir às palestras, suas tarefas e projetos ajudam a reforçar o que aprendeu. Os sites oferecem recursos pagos opcionais, como certificados de conclusão ou suporte individual, mas não é preciso pagar nada para acessar o material básico. O mote desses sites são suas centenas de horas de vídeos dedicados a tópicos sobre tecnologia, como desenvolvimento web de front-end, desenvolvimento mobile, ciência de dados ou teoria geral da ciência da computação.

FIGURA 15-1: Introdução à ciência da computação, ensinada por David Evans, professor da Universidade de Virginia, na Udacity.

DICA

Antes de iniciar um curso em qualquer um dos sites, certifique-se de reservar um horário para estudar toda semana. Prepare-se para dedicar de cinco a dez horas semanais entre sete e dez semanas para qualquer um desses cursos.

Hackdesign.org

www.hackdesign.org

O outro lado da codificação é o design. Um bom design visual é comumente a diferença entre ter centenas de pessoas usando e compartilhando seu site e milhões de pessoas fazendo isso. O Hack Design tem 50 lições de design criadas pelos melhores designers de todo o mundo, incluindo os do Facebook, Dropbox e Google. Cada lição lhe é enviada por e-mail semanalmente, e inclui artigos e tarefas para fazer com base no que acabou de aprender. Os tópicos abordados incluem tipografia, design de produto, interações do usuário e ferramentas de prototipagem rápida.

DICA

Muitos designers especialistas têm sites públicos com seus portfólios, em que você encontra seus projetos atuais e passados. Além disso, muitos publicam seu trabalho criativo no Dribbble, disponível em `www.dribbble.com` (atente para os três bs no URL).

Code.org

www.code.org

Em dezembro de 2013, o Code.org fez história quando mais de 15 milhões de estudantes norte-americanos em fase escolar participaram de um evento sobre ensino de codificação chamado de Hour of Code ["Hora da Codificação", em tradução livre]. Ao longo de 2014, mais 25 milhões de estudantes praticaram suas habilidades de programação durante uma hora. O Code.org hospeda o próprio conteúdo para estudantes do primeiro ao nono ano. Também fornece links para outros recursos de ensino de codificação, divididos por faixas etárias, e os tópicos incluem:

» Tutoriais que ensinam HTML, JavaScript, Python e outras linguagens

» Ferramentas de programação visual que ajudam estudantes dos ensinos fundamental e médio arrastar e soltar à sua maneira para aprender a codificar

» Instruções para fazer seus próprios apps de Angry Birds, Flappy Bird e Lost in Space

DICA

O Code.org também tem materiais offline de ensino de codificação, para que continue aprendendo mesmo sem acesso a uma conexão com a internet.

Sites de Referência para Codificação

À medida que aprende a codificar, lendo este livro ou com algum dos sites anteriormente discutidos, você terá dúvidas. Seu código nem sempre se comportará como o pretendido. Isso acontece com todos os programadores — é uma parte inevitável do processo de transformar lógica humana e pensamentos caóticos em um código rígido que um computador entenda. O principal é ter um plano, e alguns recursos para ajudar a depurar seu código e resolver seu problema. Os recursos a seguir incluem textos de referência, que o ajudam a verificar sua sintaxe de codificação, e grupos de usuários da comunidade, que o ajudam a conferir a lógica de seu programa.

W3Schools

www.w3schools.com

A W3Schools é um dos melhores recursos para iniciantes. O site inclui materiais de referência e tutoriais básicos de HTML, CSS, JavaScript, PHP e outras linguagens de programação, bibliotecas e padronizações. (Veja a Figura 15-2.)

Além disso, as páginas de referência incluem muitos exemplos de codificação, que você pode visualizar e modificar em seu navegador, junto com uma lista de atributos e propriedades que podem ser usados. Se souber, você pode inserir imagens com HTML, mudar cores de textos usando CSS ou exibir alertas para os usuários com JavaScript, mas, se não se lembrar da sintaxe exata para fazê--los, experimente começar com a W3Schools.

PAPO DE ESPECIALISTA

Embora seja um ótimo recurso, a W3Schools não tem afiliação ou aprovação da W3C, órgão de administração governamental que cria os padrões que os navegadores seguem ao renderizar HTML, CSS e outras linguagens e formatos.

FIGURA 15-2: Tutoriais de HTML, CSS e JavaScript e páginas de referência da W3Schools.

Mozilla Developer Network

http://developer.mozilla.org

O Mozilla Developer Network (MDN, ou Ferramentas do Firefox para Desenvolvedores) é um guia de referência no estilo da Wikipédia e site de tutorial que trata de HTML, CSS, JavaScript e várias APIs. O site é mantido pela comunidade de desenvolvedores, então todos podem contribuir — até você! Embora não seja tão voltado para iniciantes como a W3Schools, o MDN é uma das fontes de documentação mais completas e precisas para linguagens web. Os desenvolvedores frequentemente usam o MDN para sintaxe de referência, e também para avaliar a compatibilidade entre navegadores desktop e mobile para tags e comandos específicos. Você também pode conferir tutoriais do MDN hospedados pela Fundação Mozilla, uma organização sem fins lucrativos que suporta e mantém o navegador Firefox.

Stack Overflow

www.stackoverflow.com

O Stack Overflow é relativamente novo, fundado em 2008, mas rapidamente se tornou o melhor lugar para desenvolvedores fazerem e responderem perguntas sobre codificação. Todos podem fazer perguntas, os programadores oferecem respostas e a comunidade do site vota nas respostas mostrando consonância ou discordância. O site conta com tópicos que cobrem as principais linguagens de programação web, e os mais populares incluem JavaScript, Ruby e Python.

DICA

Antes de fazer uma pergunta, pesquise no site e veja se alguma resposta à sua dúvida já foi publicada. Uma das regras de etiqueta do site é mostrar que você já pesquisou antes de postar uma pergunta.

Sites de Notícias de Tecnologia e Comunidades

Há pessoas codificando em todo o mundo, e alguém em Shanghai pode fazer um app que você use todos os dias tão facilmente quanto alguém nos Estados Unidos. Vários recursos estão disponíveis para desenvolvedores entenderem melhor no que os outros estão trabalhando, em grandes empresas e em startups. Além disso, se deseja construir um site, isso pode ser útil para descobrir o que foi feito no passado, para identificar áreas de melhoria.

Além de informativos, esses recursos oferecem comunidades de pessoas com objetivos semelhantes aos seus. Essas comunidades estão entre os recursos mais valiosos disponíveis para você. Independente de estar aprendendo a codificar ou ser um desenvolvedor especializado solicitando feedback sobre seu site, trabalhar colaborativamente é melhor do que sozinho.

Os recursos a seguir o ajudam a se manter informado sobre o que acontece na comunidade de tecnologia e a interagir com outras pessoas com os mesmos interesses em sua cidade.

TechCrunch

www.techcrunch.com

O TechCrunch é um blog popular que abrange startups e as principais empresas de tecnologia. Em 2006, o site solidificou sua reputação quando foi o primeiro a divulgar a notícia da compra do YouTube pela Google por US$1,6 bilhão. Além de seus relatórios online, o TechCrunch faz conferências ao longo do ano, como a Disrupt, que recebem conversas com veteranos e destacam novas startups do setor.

DICA O TechCrunch também opera a CrunchBase (`www.crunchbase.com`), um banco de dados colaborativo de 650 mil pessoas e empresas. O Crunchbase é uma das fontes de informações mais precisas e completas sobre startups do passado e presente e sobre seus fundadores.

Hacker News

`http://news.ycombinator.com`

O HackerNews (HN) é um site de discussão hospedado pela YCombinator, uma incubadora da Califórnia. A página inicial do site é uma coletânea de hyperlinks, a maioria para sites de startups e artigos de notícias, que os usuários enviam. (Veja a Figura 15-3.) Depois que uma submissão é feita, toda a comunidade pode votar nela, e as melhores classificadas são listadas primeiro na página inicial. Além disso, a comunidade pode comentar nas submissões individuais, e os comentários também recebem votos, com os mais votados aparecendo primeiro nas páginas de cada submissão. Dessa forma, a comunidade escolhe as melhores notícias, que aparecem na primeira página, e os melhores comentários, que aparecem nas páginas. A comunidade é composta por centenas de milhares de usuários, incluindo Brian Chesky, o cofundador do AirBnB; Drew Houston, do Dropbox; Marc Andreessen, cofundador do Netscape e agora capitalista de risco; e o capitalista de risco Fred Wilson.

FIGURA 15-3: Notícias e discussões organizadas pela comunidade na página inicial da HackerNews.

DICA Títulos de submissões que começam com "Show HN" são um pedido para que a comunidade comente sobre um site de startup que acabou de ser lançado. Títulos de submissões que começam com "Ask HN", para que a comunidade responda ou comente sobre uma questão.

Meetup

`www.meetup.com`

O Meetup é um site que organiza reuniões locais presenciais baseadas em interesses ou atividades. Seus organizadores, membros voluntários da comunidade, esquematizam reuniões publicando informações no site. Então, os membros da comunidade pesquisam, se reúnem e confirmam sua presença através do site.

Para usá-lo, vá para `www.meetup.com` e siga estas etapas:

1. **Insira sua cidade e até onde está disposto a viajar.**

2. **No campo de pesquisa, insira *coding* ou *web development*. Se houver uma linguagem específica que queira aprender, como Ruby ou JavaScript, insira seu nome.**

3. **Confira os grupos do Meetup e procure um com um bom número de membros. Você pode se juntar a um deles e receber notificações de eventos futuros ou convites com confirmação de presença para eventos específicos. Alguns eventos podem ter uma taxa para cobertura de despesas.**

Embora possa aprender sozinho, encontrar outras pessoas também aprendendo a codificar é uma boa maneira de se manter motivado e se sentir impulsionado. As pessoas que conhecer podem estar estudando pelos mesmos motivos que você, como construir um site, aprimorar habilidades para um trabalho ou encontrar um emprego relacionado à tecnologia.

Capítulo 16

Dez Dicas para os Novatos

Aprender a codificar está mais popular hoje do que nunca. Parece que todos têm uma ideia para um site ou app, e, assim que seus amigos, familiares e colegas de trabalho descobrirem suas novas habilidades de codificação, muitos pedirão conselhos ou ajuda. Independente de se debruçar após o trabalho ou frequentar um curso intensivo de codificação de dez semanas, aprender a codificar pode ser uma jornada desafiadora. Vale a pena pegar algumas orientações com pessoas que cruzaram a linha de chegada antes de você. Tenha em mente as dicas a seguir, especialmente ao começar sua jornada de codificação.

Escolha uma Linguagem, Qualquer uma

Como um codificador novato, você pode estar inseguro sobre onde começar. Deveria aprender C++, Python, Java, Ruby, PHP e JavaScript ao mesmo tempo, sequencialmente, ou simplesmente escolher uma? Se nunca programou antes, recomendo aprender linguagens usadas para criar páginas, porque são fáceis para começar e publicar trabalhos para que os outros vejam. Desse conjunto de linguagens, recomendo começar com HTML e CSS. Ambas são linguagens de marcação, as mais fáceis de aprender, e lhe permitem colocar conteúdo em uma página, com HTML, e aplicar estilo a ele, com CSS. Após entender os princípios do conteúdo apresentado, aprenda uma linguagem de programação para manipulá-lo. Tenha em mente que você não precisa aprender todas as linguagens de programação — o JavaScript, que acrescenta interatividade à página, é um ponto de partida padrão para iniciantes, junto com Ruby ou Python, que adicionam mais recursos avançados, como contas de usuários e logins.

Aprender a codificar é semelhante a aprender a dirigir. Quando começou a aprender a dirigir, você provavelmente não se preocupou muito com o tipo de carro que estava dirigindo. Após passar na prova de direção, você estava apto para dirigir praticamente qualquer carro, mesmo um que nunca tivesse dirigido antes, porque já sabia encontrar a embreagem, o acelerador e o freio. Aprender linguagens de programação funciona do mesmo jeito: depois que aprender uma, você sabe pelo que procurar, e aprender uma segunda fica mais fácil. Em outras palavras, comece de algum lugar!

Defina um Objetivo

Quando começar a aprender codificação, defina um objetivo para mantê-lo motivado. Você pode escolher qualquer objetivo que queira, mas certifique-se de pensar em algo que esteja realmente empolgado para realizar. Bons objetivos para iniciantes são:

» Criar um pequeno site — composto de uma a quatro páginas diferentes — para você mesmo, uma empresa ou organização.

» Montar seu vocabulário de codificação para que entenda o que desenvolvedores ou designers dizem em reuniões corporativas.

» Desenvolver um protótipo, ou uma versão básica, de uma ideia de site ou app — por exemplo, um app que informe quando o ônibus seguinte chega à sua localização atual.

Em primeiro lugar, pratique pequenas tarefas de codificação — o equivalente a cortar vegetais no curso de culinária. Essas tarefas, como negritar um título, podem fazer com que se sinta desconectado de seu objetivo final. Mas, conforme for aprendendo, você começará a juntar as habilidades individuais de codificação e verá um caminho para atingi-lo.

De início, escolha um objetivo simples para criar confiança e habilidades técnicas. Conforme ganhar confiança, você construirá mais sites e apps com aparência profissional.

Divida Seu Objetivo em Pequenos Pedaços

Após definir um objetivo, divida-o em pequenas etapas. Isto o ajudará:

- » Veja todas as etapas necessárias para completar um objetivo
- » Pesquise como executar cada etapa específica
- » Peça ajuda aos outros quando estiver confuso com uma etapa

Por exemplo, se quiser construir um app que lhe diga quando pode esperar pela chegada de um ônibus perto de sua localização atual, liste as seguintes etapas:

1. **Defina sua localização atual.**
2. **Encontre a estação de ônibus mais próxima de sua localização atual.**
3. **Identifique o ônibus específico a caminho dessa estação.**
4. **Determine a localização desse ônibus.**
5. **Calcule a distância entre a localização atual do ônibus e a estação.**
6. **Supondo uma velocidade média para o ônibus, converta a distância em tempo usando a equação distância = velocidade × tempo.**
7. **Exiba esse tempo para o usuário.**

Esse nível de detalhamento é específico o bastante para que pesquise as etapas individuais, como encontrar sua localização atual com codificação, e lhe dá uma lista completa de etapas do começo ao fim para alcançar o objetivo pretendido.

Em primeiro lugar, as etapas que cria podem ser amplas ou incompletas, mas com o tempo você melhorará sua capacidade de detalhar essas etapas, às vezes chamadas de *especificações*.

Diferencie o Bolo da Cereja

Se estiver em casa criando seu primeiro app ou no trabalho construindo um site com uma equipe, seus projetos tenderão a englobar muitos recursos a ser incluídos em um prazo determinado. Isso inevitavelmente leva a um de três cenários: o projeto é lançado no prazo, mas com falhas; o projeto se atrasa; ou a equipe trabalha horas extras para dar conta de tudo. As únicas outras opções para um projeto atrasado são ampliar o prazo, o que dificilmente acontece, ou acrescentar programadores adicionais, o que não costuma ser útil por causa do tempo necessário para que se familiarizem.

Uma estratégia melhor é decidir antecipadamente quais recursos são o bolo — ou seja, essenciais — e quais são a cereja, dispensáveis, aqueles que são bons, mas opcionais. Isso mostra onde estão suas prioridades. Se seu projeto for executado dentro do prazo e do orçamento, você poderá construir os recursos opcionais depois ou relegá-los.

Ao construir seus próprios apps, certifique-se de diferenciar os recursos essenciais dos opcionais antes de começar a codificar de fato. No exemplo anterior do app de ônibus, determinar minha localização atual pode ser opcional. Em vez disso, eu poderia selecionar um ponto de ônibus específico e completar primeiro as etapas de três a sete. Então, se o tempo permitisse, flexibilizaria o app, encontrando minha localização atual e depois o ponto de ônibus mais próximo.

DICA

A expressão *produto viável mínimo* é usada por desenvolvedores para se referirem a um conjunto de recursos essenciais para o bom funcionamento de um produto.

O Google É Seu Melhor Amigo

Os desenvolvedores constantemente usam o mecanismo de busca do Google para pesquisar dúvidas gerais sobre como codificar um recurso ou questões específicas sobre sintaxe de um comando ou tag. Por exemplo, imagine que daqui a alguns meses, após ler este livro, você precise adicionar uma imagem em um site. Você se lembra de que o HTML tem uma tag para fazer isso, mas não se lembra da sintaxe exata. Para encontrar a resposta rápida e eficazmente, siga estes passos:

1. **Vá para** www.google.com.
2. **Pesquise por sintaxe de imagens HTML.**

    A linguagem de programação, o comando pretendido e a palavra *sintaxe* são suficientes para encontrar um bom punhado de recursos.

246 PARTE 5 **A Parte dos Dez**

3. **Para dúvidas de sintaxe de HTML e CSS, você provavelmente verá estes nomes de domínios nos dez principais resultados de busca, e, como um passo seguinte, leia seus conteúdos:**

    - `w3schools.com` é um dos melhores recursos para iniciantes encontrarem informações básicas.
    - `developer.mozilla.org` é uma documentação colaborativa e site de tutorial. Sua documentação é muito precisa, embora alguns conteúdos não sejam próprios para iniciantes.
    - `stackexchange.com` e `stackoverflow.com` são sites de discussões colaborativas em que desenvolvedores fazem e respondem perguntas.
    - `w3.org` é um órgão governamental que cria os padrões HTML e CSS. Sua documentação é mais precisa, mas árida e não propícia para iniciantes.

Você usa o mesmo processo para pesquisar dúvidas em outras linguagens de codificação ou para encontrar exemplos de códigos de outros desenvolvedores que estiverem construindo recursos semelhantes aos seus.

Corrija Aqueles Bugs

Ao fazer toda essa codificação, você inevitavelmente cometerá erros, comumente chamados de *bugs*. Há três tipos de erros:

> **Erros de sintaxe** ocorrem quando você escreve código inválido, que o computador não entende. Por exemplo, no CSS, escreveria `color: blue;` para mudar a cor de um elemento. Se, em vez disso, escrevesse `font-color: blue;`, geraria um erro de sintaxe, porque `font-color` é uma propriedade inválida.

> **Erros de semântica** ocorrem quando você escreve um código válido com um efeito indesejado. Por exemplo, tentar dividir um número por zero é um erro de semântica no JavaScript.

> **Erros de lógica ou design** ocorrem quando você escreve um código válido que tem o efeito desejado, mas o código reproduz o resultado errado. Por exemplo, no JavaScript, converter milhas para pés usando `var miles = 4000 * feet` origina um erro de lógica. Embora o código esteja escrito corretamente e faça o que o programador deseja, ele ainda origina uma resposta errada — há, na verdade, 5.280 pés em uma milha, não 4.000.

Seu navegador fará o melhor para exibir os códigos HTML ou CSS que você quer, mesmo na presença de erros de sintaxe. Entretanto, com outras linguagens de programação, como JavaScript, códigos com erro de sintaxe não serão executados. A melhor maneira de encontrar e eliminar bugs é primeiro conferir a sintaxe de seu código, então a lógica. Revise seu código linha por linha, e se ainda assim não achar o erro, peça a outra pessoa para olhá-lo, ou o publique em um fórum online, como o `stackoverflow.com` [conteúdo em inglês].

DICA

Os desenvolvedores usam ferramentas especializadas nos navegadores para diagnosticar e depurar erros. Você lê mais sobre essas ferramentas no Chrome indo para `www.codeschool.com/courses/discover-devtools` [conteúdo em inglês].

Envie

Reid Hoffman, o fundador do LinkedIn, disse: "Se não estiver envergonhado com a primeira versão de seu produto, você o lançou muito tarde." Quando começar a codificar, provavelmente ficará relutante em mostrar aos outros suas criações, seja seu primeiro site básico ou algo mais complexo. Hoffman falava sobre esse desejo de tentar aperfeiçoar o que construiu, e diz para que, em vez disso, libere (ou "envie") seu código para o público mesmo que se sinta envergonhado. Independente do tamanho de seu site ou app, é melhor receber feedback com antecedência e aprender com seus erros, em vez de continuar seguindo na direção errada.

Além disso, lembre-se de que os sites altamente trafegados e elaborados que usa hoje tiveram um começo humilde e protótipos muito simples. A primeira página inicial do Google, por exemplo, teve apenas uma fração da funcionalidade e estilo que tem hoje. (Veja a Figura 16-1.)

FIGURA 16-1: A página inicial original do Google, em 1998.

Colete Feedback

Depois de terminar a primeira versão de seu site ou app, colete feedback sobre seu código e o produto final. Mesmo que tudo esteja funcionando e seu site pareça ótimo, não significa que seu código foi escrito corretamente ou que seu site faz tudo o que poderia. Por exemplo, o YouTube inicialmente era um site de relacionamentos baseado em vídeos, mas mudou para um site geral de compartilhamento de vídeos com base no feedback dos usuários.

A melhor maneira de obter essa informação é coletar dados quantitativos e qualitativos sobre seu código e produto. Medir os locais em que os visitantes clicam e quanto tempo permanecem em cada página fornece informações quantitativas, o que o ajuda a diagnosticar e melhorar páginas com um baixo desempenho. Você pode coletar informações qualitativas fazendo pesquisas com os usuários, enviando e-mails com perguntas ou observando-os pessoalmente usarem seu site e lhes fazendo perguntas. Muitas vezes, esses dados irão surpreendê-lo — os usuários podem achar confusos os recursos que você pensa que são óbvios e facilmente compreendidos, e vice-versa. Da mesma forma, se possível, peça a alguém para avaliar seu código, em um processo chamado de *revisão de código*, para garantir que você não negligenciou nenhum problema importante.

Itere Seu Código

Depois de coletar feedback, o próximo passo é "iterar": reserve o código até que as principais questões de seu feedback tenham sido resolvidas, e até que você tenha aprimorado tanto o código quanto o produto. Tenha em mente que geralmente é melhor confirmar primeiro a utilidade de seu produto, antes de perder tempo aprimorando o código.

Esse processo — construir um produto com um conjunto mínimo de recursos essenciais, coletar feedback e em seguida iterar a respeito desse feedback — se chama *metodologia lean startup*. No passado, processos de fabricação, uma vez definidos, eram extremamente difíceis de mudar, mas, atualmente, a mudança de software é tão simples quanto modificar algumas linhas de código. Isso contrasta com a forma como os produtos costumam ser codificados, o que envolveu longos ciclos de desenvolvimento e menos antecipação de feedback.

DICA

Assim como rascunhos de documentos, salve as versões antigas de seu código para o caso de perceber que uma versão anterior foi melhor, ou se encontrar falhas na versão atual de seu código e tiver que usar alguma mais antiga para depurá-lo.

CAPÍTULO 16 **Dez Dicas para os Novatos**

Compartilhe Seus Sucessos e Falhas

Ao codificar, você pode ter encontrado documentação em um site que achou confusa ou simplesmente errada. Talvez tenha encontrado um ótimo recurso ou ferramenta que funcionou especialmente bem para um produto que estava construindo. Ou talvez o oposto tenha acontecido — ninguém usou os recursos que construiu com os códigos e você teve que desistir do projeto.

Em todas essas situações, a melhor coisa que pode fazer por você mesmo e pela comunidade é um blog sobre seus sucessos e fracassos. Escrever um blog o beneficia porque mostra aos outros os problemas sobre os quais tem pensado e tentado resolver. De maneira análoga, beneficia os que usarão o Google para pesquisar e ler sobre suas experiências, como você o fez para encontrar ideias e solucionar dilemas. Muitos empresários não técnicos, como Dennis Crowley, do Foursquare, e Kevin Systrom, do Instagram, ensinaram a si mesmos codificação suficiente para construir pequenos protótipos de trabalho, fizeram produtos bem-sucedidos e compartilharam sua jornada com os outros.

DICA

Você pode criar blogs gratuitamente e compartilhar suas experiências usando sites como Wordpress (`www.wordpress.com`), Blogger (`www.blogger.com`) ou Tumblr (`www.tumblr.com`).

Índice

SÍMBOLOS
<form>, 76

A
AJAX, 141
Aldous Huxley, 123
Android, 25
Angry Birds, 9
Anna Wintour, 79
API, 154
    chave de API, 156
    documentado, 155
    estruturado, 155
    interfaces de programação de aplicações, 154
    previsível, 155
Aplicativos da web, 25
aplicativos nativos, 25
app, 33
Apple
    App Store, 25
    iOS, 30
    iPad, 32
    iPhone, 32
    Objective-C, 28
    Safari, 20
    Swift, 28
Atributo HTML, ii
atributos
    action, 76
    method, 76
    obsoletos, 74
atributos obsoletos
    align, 74
    height, 74
    valign, 74
    width, 74

B
back-end, , i, 24
    armazenamento, 25
    infraestrutura, 25
    lógica, 25

Balsamiq, 37
Blackberry, 31
Blogger, 250
bloqueador de anúncios, 24
border, 118
Bored Elon Musk, 110
Brendan Eich, 14, 140
bugs, 247
BuiltWith, 207

C
C++, 15, 16, 243
Call of Duty, 32
Chrome, 40
Chromebooks, 16
cliente, i
COBOL, 16
Codecademy, 39, 40, 77, 236
Code.org, 238
    Hour of Code, 238
Computer Science Education Week, 9
    Bill Gates, 9
    Chris Bosh, 9
    Obama, 9
    Shakira, 9
construir um site ou app, 171
Counter Strike, 32
Coursera, 236
Craigslist, 64
CSS, 26, 57, 80, 122, ii
    arquivos de estilo, 98
    bloco de declaração, 83
    Cascading Style Sheets, 71
    código hexadecimal, 88
    CSS externo, 97
    CSS interno, 97
    declaração, 83
    estrutura, 81
    gestão do código, 81
    histórico, 80
    inércia, 81
    valor, 82
    valor RGB, 88

D
depurar, 39
desenvolvedor, i
desenvolvedor full stack, 25
desenvolvimento ágil, 34, 168
designer, i
dica de contexto, 49
dimensões de imagens de fundo
    auto, 94
    contain, 94
    cover, 94
DOM, 110
Douglas Rushkoff, 1
Drive, 40

E
eBay, 115
editor de texto, 39
Elon Musk, 110
    PayPal, 110
endereço de IP, 24
Eric Meyer, 88
erros
    de exibição, 39
    de lógica, 39
    de sintaxe, 38
especificações, 245

F
Facebook, 19, 170
Firefox, 40
Flickr, 56
fontes, 87
    cursive, 89
    família genérica de fontes, 89
    fantasy, 89
    monospace, 89
    nome da fonte, 89
    sans-serif, 89
    serif, 89
fórmula de Haversine, 189
formulários, 74
    guardar inserções para uso posterior, 74
    modificar conteúdos da página, 74
FORTRAN, 32
Foursquare, 250

Dennis Crowley, 250
framework, , ii
front-end, , i, 24
    aparência, 25
função, 151, ii
    parâmetros, 151
função definida por várias sentenças, 151

G
Get In, 36
Google, 36, 170
Google+, 52
Google Chrome, 20
Google Docs, 16
Google Images, 56
Google Play Store, 25
Google Sheets, 16
Google Voice, 29
Grace Hopper, 39
grid, 127
Guido van Rossum, 14

H
Hackdesign.org, 237
Hacker News, 241
Hipmunk, 64
Hospedeiro, 40
hotlinking, 93
HTML, , 26, 45, 50, 61, ii
    atributos, 48
    chevrons, 47
    elementos, 47
    formulários, 63
    hyperlinks, 52, 54
    HyperText Markup Language, 45
    imagens, 52
    listas, 63
    níveis de títulos, 53
    parágrafos, 52
    tabelas, 63
    tag, 47
    tags de abertura e fechamento, 48
    títulos, 52
    W3C, 61
hyperlinks, 57
    descrição do link, 55
    destino do link, 55

I
Ícones, 3
    Cuidado, 3
    Dica, 3
    Lembre-se, 3
    Papo de Especialista, 3
iFood, 36
imagem de segundo plano, 94
    palavras-chave, 94
    posicionamento, 94
    repetição, 95
Instagram, 28
    Kevin Systrom, 250
Internet Explorer, 40
iPhone, 25

J
Java, 140, 243
JavaScript, , 14, 26, 139, 243, ii
    API, 139
    JavaScript assíncrono, 141
    LiveScript, 140
    métodos, 149
    strings, 148
    substring, 149
Jerry Seinfeld, 25
jQuery, 126

K
Keynote, 37
King Digital, 28
    Candy Crush, 28

L
layout de página, 114
linguagens de programação, 13, 14
    alto nível, 15
    baixo nível, 15
link, 90
    ativo, 90
    seletores de pseudoclasses, 91
    suspenso, 90
    visitado, 90
linkagem direta, 56
    hotlinking, 56
LinkedIn, 29
listas, 102
listas não ordenadas, 66
    aninhar listas, 67
listas ordenadas, 66
    aninhar listas, 67

M
Mac OS X, 16
margin, 118
Mark Zuckerberg, 19
Meetup, 242
metodologia lean startup, 249
Microsoft Excel, 16
Microsoft Internet Explorer, 20
Microsoft Windows, 16
Microsoft Word, 16
mockups, 37
modelo de objeto de documentos, 110
    árvore HTML, 110
modelo em cascata, 34, 168
modem dial-up, 79
Mozilla Developer Network, 239
Mozilla Firefox, 20

N
Navegador, 40
Netflix, 16
Netscape, 140
Notepad++, 39

O
Objective-C, 32
OpenOffice, 37
OpenTable, 36
Opera, 40

P
padding, 118
Photoshop, 37
PHP, 26, 243
PowerPoint, 37
princípio da concisão, 207
princípio da consistência, 207
princípio da menor surpresa, 207
produto viável mínimo, 38
propriedade, 82
Python, , 14, 26, 219, ii

R
Rails, , ii
raspagem de dados, 12
    expressões regulares, 157
    raspagem de tela, 157
    raspagem web, 157
Rebecca Meyer, 88
    rebeccapurple, 88
Restorando, 36
revisão de código, 249
RIM, 28
Rovio, 28
    Angry Birds, 28
Ruby, , 14, 26, 205, 206, ii
    métodos, 211
    princípio da flexibilidade, 208
    sequências de escape, 212
    strings, 211
    variáveis, 210
Ruby on Rails, 206

S
Safari,, 40
Samsung, 28
Sandra Bullock, 63
scripts, 75
seletor, 82
    seletor descendente, 111
    seletor filho, 110
sentença condicional, 145
    if-else, 144
sentença if, ii
sequências de escape, 212
servidor, , i
site mobile, 25
Sites, 40
sites responsivos, 37
Stack Overflow, 240
Steve Jobs, 101
Swift, 32

T
tabelas, 102
    atributos de, 71
    colocando dados, 68
    estruturação básica, 68
Tag HTML, ii
TechCrunch, 240
teste A/B, 65

TextEdit, 39
TextMate, 59
Tim Berners-Lee, 45, 61
Tumblr, 250
Twitter, 52, 206
    Jacob Thornton, 123
    Mark Otto, 123
Twitter Bootstrap, 30, 123
    compatibilidade entre navegadores, 125
    componentes, 125
    layouts, 125
    responsividade, 125

U
Udacity, 236
URL, 90

V
variável, ii
Vinod Coleslaw, 110
Vinod Khosla, 110
Visual Basic, 16

W
W3Schools, 238
Walt Disney, 33
Weebly, 40
WhatsApp, 28
Wikipédia, 58
Winamp, 16
Windows Media Player, 16
Windows Phone, 31
wireframe, i
wireframes, 183
Wireframes, 37
Wix, 40
Wordpress, 250
world wide web, 23
wrapper, 31
    PhoneGap, 31

Y
Yahoo!, 36, 170
YCombinator, 241
Yelp, 17
YouTube, 16
Yukihiro Matsumoto, 14
Yukihiro "Matz" Matsumoto, 205